面对久病家人的勇气

［美］巴里·J. 雅各布斯（Barry J. Jacobs）
茱莉亚·L. 迈耶（Julia L. Mayer）著
薛玮 译

AARP Meditations for Caregivers

Practical, Emotional, and Spiritual Support for You and Your Family

北京联合出版公司
Beijing United Publishing Co.,Ltd.

赞 誉

凭借丰富的专业知识和亲身经验，他们将那么多的故事和疗法编织成了一匹美丽的锦缎，帮助我们培养心理弹力和韧性，更好地面对家庭看护这样的重大挑战。这本书为我们提供了极其宝贵的指导，同时充满了智慧和同情心，清晰明了又很鼓舞人心，总的来说，这本书富有浓浓的人情味，经得住时间的考验。

——约翰·S. 罗兰（John S. Rolland）

医学博士，西北大学费恩伯格医学院精神病学与行为科学教授

这本书讲述了许多故事，这些故事围绕着希望、坚持，甚至超越展开。以自己和其他人的真实经历为基础，雅各布斯博士和迈耶博士告诉我们，尽己所能照顾好亲人，这既神圣又合乎道德，并且能让我们的生命更充实。

——凯蒂·巴特勒（Katy Butler）

《叩响天堂之门》作者

这本书中的经验和洞见使我们确信，像我们一样需要照顾久病亲人的人有很多。紧张焦虑的看护者能从这些故事中获得不少慰藉。

——罗伯特·L. 凯恩（Robert L. Kane）

医学博士，明尼苏达大学公共卫生学院教授，《好的看护者》作者

这本书可以帮助看护者们找到自己的方法以获得平和的心境和人生的目的感。在这本书中，临床心理学家雅各布斯和迈耶帮助看护者们更好地理解和接受他们各种各样的情感，从焦虑和憎恨，到奉献和宽容。这本书将简单明了的方法与简洁却有力的叙事相结合，并且基于作者的“专业经验和亲身经历”，书中所揭示的洞见也很富有同情心。

——卡罗尔·莱文（Carol Levine）
联合医院基金家庭和健康项目主任，《为长期看护做好计划》作者

这本书就是看护者的圣经。巴里·雅各布斯和茱莉亚·迈耶在书中为读者们讲述了100多个故事，这些故事的主人公有儿女，有兄弟姐妹，有丈夫和妻子，他们都因为照顾亲人而陷入困境。在每个故事的后面，都附有精神治疗师给出的简单却行之有效的意见。读着这些富有人情味的故事，看护者们不会再觉得他们是在孤军奋战。他们会发现，即使感觉到愤怒、沮丧、难过和筋疲力尽，仍然能够找到办法，把自己的爱、同情心和幽默风趣表现出来。

——马克·西尔弗（Marc Silver）
《乳癌患者的丈夫：如何帮助妻子面对乳癌的诊断、治疗及后续》作者

这本书非常细致地刻画了家庭看护者五味杂陈的情感：失落沮丧，坚定不移，悲伤和快乐。雅各布斯博士和迈耶博士为那些一直在关爱呵护亲人的看护者们提供了具体的建议，并鼓舞了他们的士气。

——贾尼斯·亚伯拉罕斯·斯普林（Janis Abrahms Spring）
博士，《陪伴父亲的日子：如何照顾年迈的父母》作者

我曾照顾母亲五年之久，真希望这本富于洞见又振奋人心的书在五年前就出版了，里面的文字深深地打动了我。

——路易斯 G. 科尔伯特（Louis G. Colbert）
社会工作硕士，费城老年人委员会副主席，
美国老年人联合会董事会前任主席

每位家庭看护者都应该配备一本《面对久病家人的勇气》。作者为那些在照顾亲人的漫长旅程中，不得不面对心情跌宕起伏的看护者们，创造了一种既能鼓舞人心，又非常有用的应对方法。这本书中真实的看护者的故事会引起读者的共鸣，提供的应对技巧实用且针对性强。

——艾米·戈耶（Amy Goyer）
看护者，《怎样平衡生活、工作和看护》作者

如何能专业地、艺术性地、富有同理心地照顾好亲人的同时也照顾好自己，这是个相当复杂的难题，而雅各布斯和迈耶解决了这个难题。

——史蒂文·E. 阿诺德（Steven E. Arnold），
医学博士，哈佛医学院附属马萨诸塞综合医院
跨学科大脑中心转化神经病学负责人

生活中比看护照顾亲人还要困难和重要的事情并不多。这本书是由专门研究家庭看护者的两位心理学家写的，它完美地将鼓励、建议、方法和具体的故事糅合到一起，能帮助我们从看护的经历中学习成长，自我修复。

——苏珊 H. 麦克丹尼尔（Susan H. McDaniel）
医学博士，罗切斯特大学医学中心
劳丽·桑兹博士家庭与健康研究所名誉教授

我非常高兴看到在我们医院照顾亲人的看护者能读到这本书，我也有一本，就放在床头柜上。我们在照顾亲人时，应该花些时间，认真地思考一下自己内心的情感，但是我们却总是把这件事放到最后。这本书提供了一个很好的机会，让大家沉思、探索、反思，并且接受难以处理的情感，使它们变得可控。

——萨拉·虹·奎尔斯（Sara Honn Qualls）
科罗拉多大学斯普林分校老年医学中心主任，
《看护者家庭疗法》作者之一

为年迈的父母制定长期的看护计划，实施这个计划，并请他们参与到这个过程中来，对于一个家庭长期的健康是至关重要的，满足看护者的心灵需求和精神需求同样重要。这本书就同时满足了两方面的需求。

——蒂姆·普罗施（Tim Prosch）
《非同寻常的谈话：如何与成年子女沟通，计划好后半生》作者

家庭中，看护者和被看护者在困难阶段会出现复杂的关系问题，并且这些问题会长期存在。这本书的出色之处就在于，它直接地面对和处理这些问题。通过短小的故事，作者为我们呈现了看护时各种随处可见的困难，提出了实际可行的方法，言辞幽默风趣，能引起来自不同背景的看护者的共鸣。

——詹妮弗·沃尔夫（Jennifer Wolf），博士，
约翰霍普金斯大学老年健康中心副教授

前言

父母渐渐老去，照顾双亲这些年来，我们最怕他们摔跤。真的很让人担心。我的母亲珍，年事已高，身体也很虚弱，走路时经常忘记拿拐杖，一旦失去平衡，很容易摔倒，有时候摔得还挺重。我们不住在一起，她家离我们费城郊外的家有一英里。每次去探望她之前，我们都会想，珍可千万别又倒在地板上了。只要家里电话铃一响，我们就特别紧张，怕是护工、警察或者护士通知我们珍又进了急诊室。珍摔倒的频率越来越高，我们的情绪也随着越来越低落。

我和妻子结婚已有25年，我们最喜欢在阳光明媚、天气温暖的清晨，一起到附近的小树林里悠闲地散步。可现在，我们连喝杯咖啡、看看报纸的时间都没有，更别提聊天了。匆匆忙忙开车，赶到医院，然后一整天都得待在急诊室。珍需要打绷带，背部做X光，评估精神状态，这些已让我们疲惫不堪。还有CT检查，抽血验血，加上漫长的等待。照顾珍，真的是件很辛苦的事情。

许许多多家庭都在上演类似的故事：照顾年事已高的父母、残障的配偶或患有慢性病的孩子。根据2015年美国国家看护联盟(NAC)和美国退休人员协会(AARP)所发布的报告，每年约有4000万美国人需要照顾自己的家庭成员或朋友。而我们，正如许多人一样，愿意尽最大所能去呵护我们所爱的人。我和妻子都是临床心理医生，因为职业的缘故，平时要和看护者打交道，比别人多懂些专业知识，算是有些优势。比如，照顾家人的时候，我们能够较好地预知和分析自己的情感反应，而不是压抑自然产生的情感。

珍很有魅力，个性很强，也很有幽默感，同时她也是一个非常有主见，有控制欲，十分坚定的人。照顾她的这五年就像八年前照顾妻子茱莉亚的父亲乔伊和后来照顾我的继祖父史蒂夫一样，我们压力很大。但不断地面对挑战，克服困难，我们也学到了很多。

首先，同理心很重要。灰心沮丧时，我们就试着换位思考，如果我是珍会感觉如何呢？放慢节拍，尊重她，跟她解释清楚目标是什么，我们现在在做什么，我们有怎样的期待，这样才能共同努力，保证活着的质量。其次，双方需要时间互相交流一下感受，互相鼓励。我们必须接受人类自身的局限，无论是身体的还是情感的，然后想办法面对它。时刻提醒自己，我们更应该关注的是整体的方向，全局性的前景。总有情绪崩溃、万念俱灰的时候，但雨过总会天晴。困境也是种挑战，我们应该运用自己的创造力，找出新的解决问题的办法。

不可否认，家庭看护非常艰辛，压力也很大。但是在照顾别人的过程中，我们也有备受鼓舞、精神振奋的时候。艰难的一天下来，你却能应付自如，那你一定会觉得自己很有能力，并且充满了信心。我们经常可以另辟蹊径，解决令我们烦扰的问题。和自己照顾的人一起开怀大笑，一起追忆往事，共同感受快乐和幸福，我们也会变得更幽默，更风趣。换位思考，实际上是在提高我们自己的共情能力，能够更好地从别人的视角出发，尊重他人的需要和愿望，更积极地处理生活中的难题。

在照顾珍的过程中，我们愈发意识到生命的脆弱，也愈发感恩，感恩我们至少还有机会给她带来快乐，满足她的需求。我们拥有健康的体魄，可以照顾珍，这也是很幸运的事情。照料亲人能让我们看到平时所忽略的东西，原来生命中有那么多幸运的事情：比如孩子很乖巧，家庭成员之间的关系很融洽。

于我们而言，照顾他人的经历意义非常深刻。它帮助我们认识到究竟自己想成为怎样的人。纵然有时候疲惫不堪，但一想到我们做的是善事、好事，心里又会觉得慰藉。在我们看来，做好事、做善事是很重要的价值观。通过照顾老人，我们践行了这样的价值观，并且给孩子做了一个很好的示范。

珍有段时间频繁地摔倒，那段时间我觉得特别难挨，几乎快撑不下去了，于是和妻子商量了一下，把她送到了养老院。在那里，她更安全，摔倒的次数也减少了。但是对她的照顾并没有就此停止，我们还得帮助她更好地适应养老院的生活。急急忙忙赶过去把珍送进急诊室的日子终于结束了，我们的担心和焦虑也有所缓解，我和妻子都觉得这个决定十分明智。

借这本书，想和大家一起分享我们从自己和别人的经历中所学到的东西，即如何照顾我们所爱的人，在家也好，在医院或养老院也好。这本书会告诉你，照顾别人，大家都会经历相似的化茧成蝶的过程，也会找到一种归属感：其实和你一样的人还有很多。我们希望通过本书能让读者认识到，照顾别人的同时你也会有很多收获，而这些收获赋予你力量，让你能够坚持下去。本书主要结合以下几点展开：

- 从别人的故事中汲取能量、灵感和经验。我指导了152名冥想疗法患者，我给每一个人都讲述了一些真实的案例：在看护的过程中，如何在情感和理智间挣扎，从中又会学到什么。有些是我自己的亲身经历，有些是亲戚的经历。当然大多数是在过去从业的25年中我所听到的故事，故事里的名字和细节都做了改动，以保护隐私。
- 所有的故事按28个主题划分——包括气愤、焦虑、内疚、奉献、乐观和尊重等——它们能够恰如其分地概括看护者的经历。
- 贯穿本书始终，我们融入了压力管理的技巧以及正念疗法，而这两者并不是当今心理疗法的核心内容，亦不是我们使用的主要方法。但是我们坚信，在和被看护者互动的过程中，如果看护者能够关注到爱和温情，他们定会感觉到内心充实富足，欣慰振奋。

我们期待本书可以为读者提供一些解决常见看护问题的方法，让看护者通过正念获得慰藉和活力，激励大家给自己所做的事情赋予意义和价值。希望你读了这些故事有所触动，并将你的故事分享给其他的看护者。他们也需要支持、认可，以及在人生艰难的时刻保持积极的心态。

Barry J. Jacobs

巴里·J. 雅各布斯

目录
Contents

第一章

接纳自己的情感

随遇而安，顺势而为，归根结底是最好的选择。

——亨利·华兹华斯·朗费罗（Henry Wadsworth Longfellow）

作为人类，我们所面临的最大挑战，是真正地接受我们是有着复杂情感的人的事实。我们会愤怒、会羞耻、会内疚、会失望，同时，也因为炽热的爱和伟大的奉献精神而光彩熠熠。身为看护者，我们经常会面对自己内心复杂而又矛盾的情感，不知所措。正在发生的事情触发旧的情感，新的焦虑又时不时让我们想起过往。怎样处理这些情感？认识这些情感，接受这些情感。情感，是我们人性的证据。情绪来了，经历它，感受它，它终归会消逝。

复杂又让你觉得棘手的情感浮现时，不要轻易地下结论。相反，要充满好奇心，去探索它。

1. 花些时间，搞清楚自己的情感。是愤怒，害怕，羞耻，失望，还是需要别人的关心？
2. 审视情感。是强烈并持久的，还是温和而转瞬即逝的？你的身体和心灵都感受到了吗？身体哪里感觉到了？
3. 什么触发了这些情感？是别人的言语还是行为举止？还是因为自身的想法或担心？
4. 有没有唤醒旧的记忆？如果可能的话，能联想起哪些时刻你也有过类似的情感吗？
5. 思考一下如何处理这样的情感。你想达成什么目标？愿意和别人说说你的感受吗？如果愿意，你觉得哪种表达方式最有效？你是愿意独自承受还是很巧妙地表达出来？能写下来吗？或者画下来？跳舞？

多花些时间反思，我们才能够驾驭自己的情感，而不是成为情感的奴隶。之后，我们才能找到管理情感的最佳方式。如果我们能够耐心地洞察自己的情感，就能够找到灵活的、有创意的管理和表达感受的方式。

在经历了几个翻来覆去，思绪如潮涌般的不眠之夜后，霍华德决定和妻子好好谈一谈。

第二天晚上临睡前，霍华德和妻子谢莉坐了下来，他告诉妻子，有时候，他真希望父亲已经不在了，有这样的念头实在不应该，他觉得自己差劲极了。霍华德说他爱自己的父亲，然后低下头去，羞愧难当地掩面哭泣起来。

夫妻俩照顾老人已有几年的时间了，父亲的健康状况还在每况愈下。他患有阿尔茨海默病，全家人都跟着疲惫不堪——什么都得提前安排好，随时应付不断出现的新状况，还得考虑医疗费用。霍华德很担心这样下去，家里可能会入不敷出。

谢莉拥抱了霍华德。她也爱霍华德的父亲。她明白，说出这个难以启齿的真实想法对于丈夫而言有多难。她安慰霍华德，让他宽心，换个人面临相同的处境，可能也会有同样的念头。她承认自己有时候也会这么想。

聊完各自的心事之后，两个人都如释重负。霍华德得到了妻子的理解和支持，压力有所缓解，那天晚上，他终于睡了个好觉。

接受复杂的情感，体恤自己，而不是武断地妄下结论，毕竟作为人，我们都是有局限性的。

巴里手记

照顾母亲有时候我会觉得力不从心，做什么都做不好。

正打算帮母亲预约下次就诊时间，结果却发现因为我的拖拉，医生外出度假了。忘记去药店买药，母亲只能一整天都扛着，不吃降压药。我经常会对她失去耐心，伤害她的感情。

这些事情都让我非常难过。我开始严苛地自责：我是个不孝顺的儿子，不合格的看护者。母亲不该遭受这样的待遇。换作其他人，一定会做得更好，不会像我一样，老是发火。总之，我和母亲现在的状态都不太好。

母亲感觉到了我内心的挣扎，她跟我说过许多次："对不起，让你承受这么多，我拖累你了。"母亲的话让我更加惭愧，不过，在某种程度上也给了我一些安慰。母亲知道我处境的艰难：预约医生就诊，买菜做饭，购买各种用品。她知道我没法事事都能照顾周全，也从来没有指责过我。

母亲的理解，让我重新接受自己。首先我是一个不完美的儿子，其次才是她的看护者，而我的不完美，是无法改变的事实。自责并不能让我变得更完美，我必须接受真实的自己：哪些是能力范围之内的，哪些是做不到的，失败也没什么大不了的。儿子已经竭尽全力，对于母亲来说，这就够了。原谅我，包容我，母亲会一直这么做的。

对待照顾的人，我们体贴入微，善解人意，对自己也应该如此。

母亲过世之后，诺拉希望可以和哥哥汤姆更亲近些。

诺拉和哥哥汤姆都已离家各自生活六年了，虽然关系还不错，但也没有特别地亲昵。兄妹俩谈论的话题主要是围绕父亲，他现在一个人住，正需要儿女的帮助和支持。他俩经常一起抱怨父亲不去看医生，饮食和生活习惯也不太健康，并且打趣父亲的脾气就像倔驴一样固执。父亲是兄妹之间的情感纽带。

但是他们很少提到母亲，因为只要一说到母亲，诺拉就会情绪失控，放声大哭。这时候，汤姆就会很恼火，进而变得不耐烦，接着就会把电话挂断。汤姆是诺拉唯一的同胞手足，得不到哥哥的回应，诺拉沮丧极了。她认为汤姆是在逃避内心深处的情感。于是，兄妹俩渐行渐远。

父亲过世之后，情况变了。汤姆一直压抑着内心的情感，因为那时他已经是三个孩子的父亲了。但他还是会控制不住自己陷入失去父亲的悲痛中无法自拔。诺拉找到机会再次与哥哥沟通，这一次，汤姆表现出了极大的耐心和包容性，即便诺拉出现情绪失控，他也不会对她不耐烦了。尽管没有陪着诺拉一起掉眼泪，但至少不再逃避自己的情感了，也正因为情感上有了共鸣，两人慢慢靠近，而这正是妹妹诺拉所渴望的。

与爱的人分担痛苦，会让彼此的关系更加亲近，也能让大家携手共渡难关。

这一辈子特鲁迪都在取悦母亲露易丝，但是吹毛求疵的母亲似乎从未满意过。

还是小姑娘的时候，特鲁迪就小心翼翼，努力做到尽善尽美，巴望着能讨母亲欢心。现在露易丝岁数大了，再加上关节痛，走路变得一瘸一拐，因而需要女儿的照顾。但特鲁迪发现，自己仍旧像以前一样，一切都听从母亲的指挥。母亲夸一句，她就兴奋不已；母亲生气或不说话的时候——也可能她是疼得不想说话——特鲁迪都感觉母亲像是在呵斥她。

就这样陪护了几个月，特鲁迪觉得无论身体上，还是情感上都非常疲惫。辛苦和劳累只是一个方面，更多的是几十年如一日地取悦母亲，耗费了她太多心力。想到这些，特鲁迪有点愧疚，她觉得自己没有成为妈妈期待的“好女儿”。愧疚过后，随之而来的是苦闷和抑郁，这就好比情感的恶性循环，让她无处可逃。

在丈夫的催促下，特鲁迪决定去心理医生那里寻求帮助。通过治疗，她幡然醒悟：母亲如此挑剔，没有人可以让她百分之百满意，因为她个性就这样。顿悟过后，特鲁迪身心都得到了解脱。现在，她能更好地照料母亲，因为她爱母亲，不愿意看她受苦，至于母亲作何反应，那是她无法左右的事情。

特鲁迪继续全心全意地照顾母亲。只不过，现在母亲的言行举止不会再影响到她的心情，她也不会再迫不及待地去证明自己了。

有些看护者，因为得不到家庭的认可，就会特别用心地照料亲人，试图赢得爱和赞许。我们应该以自己所付出的心力为标准，合理地评价自身，而不要一心想着得到别人的肯定。

第二章

愤怒和怨恨

忍一时风平浪静，退一步海阔天空。

—— 中国谚语

本来一切打算得很好，可事态的发展有时不如我们所愿，于是我们的完美计划泡汤了。通常，在照顾亲人的过程中，我们偶尔会发火。面对这种情况，与其一味地压制自己的火气，或者因发火而满怀羞愧，不如正视自己的愤怒，把它当作促进自己成长的机会。我们应该挑战自己，激发出内在的同理心，去找寻隐藏在愤怒之后的深层原因，发现愤怒背后的悲伤。这样才能进一步了解我们照顾的人，了解自己，成为一名更专注的看护者。

还是孩子的时候，姐姐们对小弟弟爱护有加。

现在，姐姐们都长大成人了，对这个弟弟却恨得咬牙切齿。最近母亲心脏病发作了，弟弟斯图一次都没来看过，大姐克莱拉对他非常失望，二姐贝莎妮对弟弟也是火冒三丈。斯图对大家的感受好像漠不关心。他只是给姐姐们发了封邮件，说自己马上要服预备役，并且有新的工作部署，不忙的时候会第一时间去探望母亲。

弟弟什么样，姐姐们再清楚不过了。过去这几年，她们每周都去看望母亲，而斯图只是偶尔来一趟。现在没人愿意再忍下去了。贝莎妮跟弟弟通电话的时候，直接质问起他来，斯图也不示弱，嚷嚷贝莎妮什么情况也不了解，凭什么干涉他的生活。

克莱拉则采取了不同的方式。她跟斯图说，下班之后要是有空的话，陪她聊聊。斯图虽然有点不情愿，但最后还是答应了。到了咖啡店，克莱拉并没有急着指责他，她很小心地避开雷区，防止弟弟开启自动防御模式。她关切地问了他工作和部队的情况，这些话让斯图觉得很放松，而克莱拉听得也很认真。克莱拉知道，作为姐姐，她得先理解工作对于弟弟而言是多么的重要，这是良好沟通的前提。

最后，克莱拉提起了母亲。她请斯图放心，因为母亲康复得不错。然后，克莱拉问弟弟，对于和母亲还有姐姐们的关系，他打算怎样定位和处理。克莱拉说话这么直截了当，完全出乎斯图意料，不过他很诚实地答道：“我想保持很亲密的关系，只是有时候我不知道如何是好。”他继续说，“看着母亲一天一天变老，我心里也非常痛苦。”

克莱拉告诉弟弟，她也有同样的感受。母亲生病的这段时间，同胞手足的姐弟仨应该最知道彼此的心情。她说，将来母亲的情况或许会更糟，因此，一家人只有相互支持，才能渡过难关。听了姐姐的一席话，斯图明白他不能再这么一副事不关己高高挂起的态度了，他的参与不仅对母亲来说很重要，对姐姐们同样重要。斯图很感激克莱拉没有一上来就指责他，而是选择了信任他，相信斯图一定会和她们在一起。

有老人需要照顾的家庭，兄弟姐妹之间经常会闹矛盾，互相指责，这样还谈何同舟共济呢？我们应该充分调动自己的同理心，因为这是实现互相理解和支持的基石。

肯尼给父亲打电话，又是占线，他知道肯定是父亲又没把电话听筒挂好。

肯尼生气的咆哮声，连邻居都听得到。好容易平静下来，他驱车去了父亲的住处。路上开了二十分钟，进屋却看到父亲在床上睡得正香。这样的事情不知道发生过多少次了。

肯尼把父亲的电话听筒挂回原处，又开了二十分钟的车才回到自己家，内心几近崩溃，他真的不知该如何是好。父亲没事，这倒让他挺庆幸的。其实，肯尼完全可以待在家不去操心父亲，可万一父亲真的摔倒了，整夜躺地板上，再有个三长两短，他是不会原谅自己的。

父亲总是挂错电话，尽管肯尼跟他讲过很多次，但都无济于事。肯尼只好想别的办法。他决定给父亲买部新的电话，按键大、会发光的，不容易挂错的。他还问了父亲的邻居，需要的时候可不可以请她帮忙查看一下父亲的情况。庆幸的是，邻居很通情达理，听说了肯尼的难处，爽快地答应了。

肯尼买了部新的电话机，把它作为一份特别的礼物送给父亲，他仔细地教父亲怎么用，确保他不会再出错，并且给邻居留了把钥匙。父亲是永远不会知道这个儿子有多么不易，不过，这样也挺好。

看护过程中的挫折和无奈会触发愤怒和怨恨，我们需要停下脚步，想想是否有更好的、更具创意的应对办法。

餐桌上的气氛特别紧张。

母亲过世之后，为了照料年迈的父亲雷纳德，弗兰克和妻子杰姬搬去和父亲一起住。可是，无论是弗兰克特意为父亲烹制的食物，比如烤意大利千层面，还是杰姬做的父亲最喜欢的烤肋排，他总是皱皱鼻子，要么说没胃口，要么嫌食物不好吃。对此，弗兰克毫不掩饰内心的怒火。隔着餐桌都能感觉到他在生气地瞪着父亲。弗兰克自小以来一直饱受父亲不公正的苛责，现在他已经长大成人了，再也忍不下去了。

一天晚上，弗兰克怒不可遏地向妻子抱怨父亲有多刻薄，杰姬问道："那母亲是怎么办的呢？"弗兰克愣怔了一下，想了会儿，才答道："妈妈似乎看到了他隐藏在刻薄下的另一面——敏感、脆弱、容易受伤。她总是能包容他。"

这番对话让弗兰克大为触动。他突然醒悟到，父亲其实不是不喜欢他们做的饭菜，他是在宣泄失去妻子的悲伤，怀念妻子为他做的一切。从那以后，父亲再皱鼻子，雷纳德也不跟他计较了。相反，他会面带忧伤地回忆起以前妈妈做的拿手好菜，父亲会跟着他一起难过。那一刻，父子俩内心不再抵触对抗，而是紧密相连。

男性通常会用愤怒掩饰内心的忧伤。以刚克刚、用愤怒回应愤怒只会造成误会。我们需要用同理心化解敌意和对抗。

宝拉和母亲的关系一直貌合神离。

宝拉清楚地知道自己是个固执己见且缺乏耐心的人。而她发现母亲克莱尔自私、苛刻，还很固执。现在，由于母亲需要照顾，宝拉帮她跑腿，处理杂事，每天都得去一趟母亲那里，看看她有没有按时吃药、好好吃饭之类的。于是，两个人的冲突比以前更多了。

宝拉嫌克莱尔花钱大手大脚、吹毛求疵，而母亲却认为女儿是在小题大做，两个人经常因为这些争吵。最后宝拉回到家，筋疲力尽，心力交瘁。她渴望得到一份温暖的母女关系，互相关心，而不是充满了火药味。母亲就好像知晓她的痛点似的，两人动不动就吵起来，都快成家常便饭了。

宝拉希望能够缓和与母亲之间的关系，于是她决定改变现状，她要尝试一个新的方法——尽量放慢节拍，留些时间先消化消化母亲的话，同时想想自己想得到什么。赢得争吵没有任何意义，她需要的是更好的母女关系。

再去探望母亲的时候，宝拉按照新的对策开始行动：母亲吹毛求疵，她置若罔闻，这样一来，母女之间的对话慢慢有了些改变——变得更友善了。宝拉意识到母亲的吹毛求疵实际上是在自我防卫。她和宝拉一样，也渴望积极的母女关系。通过耐心加努力，宝拉越来越多地感受到了母女情深。至少，现在多数时候是这样。

争执和冲突发生的时候，需要放慢节拍，想想对自己来说最重要的是什么。有目的地在心中构建更大的愿景，这能让我们不再纠结于眼前的困扰，减少负面的情绪回应。

凯瑟琳把精心烹饪的米饭、鸡肉和豆荚放到母亲莱拉的面前，然后在桌子对面坐了下来。

过了一会儿，凯瑟琳注意到母亲连叉子都没拿，“怎么了？”凯瑟琳问道。

“我不饿。”莱拉低头看了看食物，避开了凯瑟琳的目光。

“你多少得吃一点，维持体力啊。”凯瑟琳劝道。她感觉到身体里有一股懊恼和沮丧的情绪正在缓缓升腾起来。花了差不多一个小时的时间给母亲准备餐食，马上还得赶回家再给丈夫和孩子做饭。本来时间就很紧，现在耐心也快被磨完了。

“吃一点吧。”凯瑟琳说道。

莱拉还是没有动。

“我吃不下。”莱拉说。

两个人就这么尴尬地僵持着。

凯瑟琳的怒火被慢慢地点燃。想到自己为母亲做的一切，以及自己承受的压力，她觉得母亲至少应该努力塞一点到肚子里。凯瑟琳恨不得挥动胳膊，大喊大叫。她想冲过去，把盘子里的食物倒进垃圾桶，然后走人。但她没有这么做。她逼着自己想了想母亲的处境。深呼吸——等待——平静。接着她找了个小点的盘子，拨了一点饭菜进去，放回母亲面前。她又把剩下的打包，放进冰箱。

“妈妈，那你少吃一点。”她说，“剩下的可以明天作午饭，记得多少要吃点东西。我爱你！”说完这些，凯瑟琳按照原先的计划，开车回家。

沮丧无助、生气愤怒时，我们应该想想，有没有其他的办法或对策？通常来说，思路清晰并富于同理心，我们做出的决定一定能达到最好的效果。

柏妮丝觉得自己不该冲丈夫发火——搞得胃疼不说，还影响睡眠——可她就是无法克制自己。

丈夫的糖尿病已经危及健康，可他仍旧不肯改变自己的饮食习惯。“难道他不知道自己在做什么吗？”柏妮丝很纳闷，“是不知道身体变得更糟的话需要更多照料吗？不知道对我而言，这意味着什么吗？”

结婚三十年了，柏妮丝比任何人都了解自己的丈夫——他不想做的事情，别人再怎么说也没用。但是柏妮丝不明白，作为一个男人，他为什么不想着把自己和家庭都照顾好呢？

丈夫吃了甜食，柏妮丝指责他，他高声咆哮着回应，然后就像赌气报复一样，喝更多饮料，吃更多冰棍。结果呢？每次都是柏妮丝灰心丧气，拱手而降。她必须转换模式，不能再心怀愤怒地来解决问题了。对于这个让她托付终身，并且她现在仍旧爱着的男人，柏妮丝了如指掌。他的个性并不完美，固执，害怕失去对生活的掌控力。但柏妮丝喜欢跟他一起坐在客厅，安安静静地观看电视里放的老电影。要是柏妮丝为他准备了美味的南方特色食物，他也很会甜言蜜语。

柏妮丝仔细思考了自己人生的目标——实现她的道德价值，帮助那个需要她的人。鼓励丈夫，鼓励他放弃这种几近自杀的生活方式，柏妮丝是在帮助他，虽然这对柏妮丝来说是个挑战。而冲丈夫直接发泄愤怒，只会事倍功半。

每当柏妮丝成功说服丈夫健康饮食或多做运动以便减轻些体重时，她会觉得心情舒畅，只是这样的时候并不多。每当丈夫故态复萌，柏妮丝依然会生气，但现在的她能努力地控制住自己的情绪。柏妮丝仍旧会时不时感到困惑，但是她和丈夫会一直相亲相爱，同糖尿病继续斗争下去。

所爱的人似乎故意跟自己作对，这当然令人恼火。不过，正面交锋、发泄愤怒往往无济于事，互相理解才是真正有效的途径。

第三章

焦虑和担忧

焦虑能够激发创造力。

——托马斯·斯特尔那斯·艾略特（T.S. Eliot）

照顾自己所爱的人，自然会担心他们的处境。现在怎样？将来又会如何？会不会有什么糟糕的事情发生？看护者每天疲于应付照料带来的压力，还得为可能发生的危急状况做打算。专注于当下的情景可以帮助我们合理对待焦虑。现在一切都很顺利。那么深呼吸，放松，接受人的能力终归有限的事实，有些事情是我们无法预料和掌控的。

相比正面刺激，人类天生对负面刺激的反应更强烈。

对于痛苦的经历，我们的情感反应会异常激烈，快乐的时光转瞬即逝，痛苦的记忆却久久挥之不去。一旦陷入负面的思维方式，我们只会看到生活中不好的一面，沉湎于消极思绪，任各种各样的念头和情感在脑海中翻来覆去。这对我们的健康很不利。

我们完全可以换个角度看问题。运用正念，有目的地引导自己专注于当下，着力于此刻，不带任何评判地、平和地看待人生。我们的视角应如此：冷静地观察身边所发生的一切，而不是被它牵着鼻子走。当然，想拥有后退一步的智慧，抛开负面的情绪达到平和的状态，需要大量的实践训练。

对未来抱有积极的心态，同样需要努力。你可以尝试回忆生命中所有美好的事情，让自己心怀感恩。这个方法可以让心态恢复平和，转变负面情绪。每天进行正念和冥想的训练，可以有效缓和情绪，消除负面思维，更多地专注于正面思维。做自己喜欢的事让大脑忙碌起来，享受身心的愉悦，也可以让你抛开消极的东西。

有目的地引导自己留心生活中的积极因素——将注意力从负面思维模式和情绪中转移开——这是真正的自我关爱。

巴里手记

无数个夜晚，凌晨三点，我从睡梦中醒来，脑袋里充斥着纷繁的思绪：医生说妈妈是肾衰竭，这意味着什么？

明天要给妈妈买点牛奶吗？妈妈总是摔倒，还能放心让她一个人住吗？我在床上翻来覆去，费劲地想找个舒服的姿势入眠，好让大脑休息片刻。但是林林总总的问题持续轰炸着大脑，让我无处躲藏。每次夜半醒来，起码得一个小时我才能昏昏沉沉地再睡过去。没多久闹铃响起，感觉一夜下来跟没睡差不多。

担心也并非一无是处。有了它，我们才能未雨绸缪，为可能发生的糟糕状况做打算。但每天凌晨三点醒过来，这种过度的担忧一点用都没有。这不仅不能帮我解决现阶段看护中遇到的问题，还剥夺了我的深度睡眠，导致我第二天头晕脑涨、稀里糊涂的。过度的、不必要的、无法控制的担心，其实就是焦虑。

焦虑是个大问题。它会降低我们解决问题的能力和效率，盘踞在我们的心头，让我们无暇顾及所爱的人，从情感上疏离双方。更糟糕的是，它让我们无法享受生活的乐趣，并常常会导致抑郁。

处理焦虑的一个理想办法就是把凌晨三点的凌乱思绪想象成围绕着野餐垫嗡嗡飞的蚊子，虽然讨厌，但是你挥手就能拍死它，它不是什么凶猛的野兽，可以威胁到生命——焦虑本身并不可怕，它的力量是人类赋予的。试着专注于有节奏的呼吸，避开乱七八糟的想法，感受床铺和毯子的温暖，别去想烦心事。

焦虑会让看护变得更加棘手。如何正确对待焦虑？我们在有效管理它的同时，也要为未来做好计划。

简妮夜里翻来覆去，难以入眠，总是担心母亲的安全。

白天，为了确保母亲的安全，简妮把能想到的办法都用上了。她从不敢让母亲一个人待着，浴室里安装了防摔的护杆和把手，叮嘱母亲在脖子上挂了紧急事故按钮装置，并且到哪儿都拄着拐杖。可到了晚上，简妮总会担心母亲起夜的时候摔着。患有阿尔茨海默病的母亲已经无法照顾好自己，要么忘记戴按钮装置，要么忘记拄拐杖。尽管简妮想方设法让自己入睡，但因为她的房间紧挨着母亲的卧室，加上惦记着母亲起夜需要人帮忙，所以她老是睡不着。

简妮意识到这种状态必须打住。既然决定了不把母亲送到老人看护中心，自己照顾，可没有足够的睡眠哪儿能行呢？这天晚上，精疲力竭而又忧心忡忡的简妮突然想起来，女儿小的时候曾经用过婴儿监护器。有了机器的提醒，她就能放心入睡，不用再担心女儿夜半哭泣了。

简妮把婴儿监护器放到了母亲的房间，这下睡眠总算得以改善了。担心还是会有，中途仍旧会醒来，但这个权宜之策至少可以缓解睡眠的问题，这样简妮才有精力做好最重要的事情——照顾母亲。

以创新的方式处理焦虑，我们才能继续呵护所爱的人，更好地照顾自己。

父亲希德在电话里说最近总是腹痛，身为长子的博特听了非常着急。

“我们带你去看医生。”博特立刻回答道，但是父亲很不情愿，“只是肚子疼而已。”博特可不是那么容易糊弄的，他坚持要让医生看看才行。挂上电话，他立刻跟父亲的主治医生约了时间。

后来在和妻子南茜交谈时，博特提到了父亲的事情。

“当初母亲也是这样的。”博特说道，他觉得自己的反应合情合理。母亲查出胰腺癌之后几个星期就撒手人寰，这是两年前的事情了。母亲腹部疼痛了几个月，但是博特并没有很上心。最后她只好自己去看医生，但一切为时已晚。至今博特心里还非常内疚，如果当初他能多留心点疾病的征兆，或许母亲还有的救，至少可以多活些时日。

南茜认真地听着丈夫的诉说，表示理解。她明白博特有多想念母亲，要是父亲再走了，对他将是巨大的打击。她也知道丈夫总爱自责，南茜对丈夫说:“我知道你害怕父亲有任何闪失，可是，母亲的不幸不见得会再次发生，你现在操心得太多了，哪怕不是你的错，也往身上揽。”

博特叹了口气。妻子说得很对，他也知道，对于父亲的健康他确实提心吊胆得过了头。与其说是为父亲好，还不如说是因为太内疚。“真的挺难的。”博特回答，“我也不想这么战战兢兢过日子，谢谢你适时的提醒，让我认识到自己的问题。”

接着他给父亲打了电话，给他解释了自己着急的原因，以及心中的愧疚和担心。最后，父子俩达成一致，还是去看下医生最好。

不幸的过去往往会让我们对未来忧心忡忡，害怕悲剧再次降临。这样自然会产生焦虑和担心，就跟条件反射一样。这时候，我们需要信赖的人给我们指点迷津——过度的担心要不得。

多琳辗转反侧，夜不能寐，担心母亲的病情。母亲的乳腺癌复发了，并且来势凶猛。这让焦虑在多琳的心头萦绕，挥之不去。

爱人苏特试图安慰多琳，想让她平静下来。然而最后苏特去了客厅睡觉，因为他明天还得早起上班。第二天清晨，两个孩子都已经起床了，多琳却感觉浑身无力，她觉得自己恐怕连两个孩子都照顾不好。这样的模式已经成了多琳生活的常态。

得知母亲乳腺癌复发的噩耗，多琳当时就不由自主地想到了母亲的结局——待在临终安养院，就这么离开。那一整天她都想着这些，一直到深夜。可怕的念头让多琳伤心欲绝，她情不自禁地哭泣，屋子里笼罩着悲伤，家里的气氛很不好。

与此同时，母亲在接受各种各样的治疗，奋力与癌症抗争。一天多琳带着孩子去看望母亲，母亲把多琳叫到跟前，孩子们在边上吃着饼干，她说："多琳，为了我，你要坚强。或许癌症会把我击倒，但是只要我活着，我希望你能多陪陪我，珍惜我们在一起的时光，但也别忘了要过好自己的生活。"多琳答应母亲，她会尽力的。

多琳仔细回味着母亲说的话，并把这番话告诉了苏特。母亲的结局是意料之中的，那自己整日瞻前顾后又有什么用呢？在苏特的鼓励下，多琳逐渐找到了转移注意力的方法：多想想积极的事情，关注孩子的成长，努力过好现在的生活。多琳明白，终究有一天她必须得面对恐惧和悲伤，但是没必要现在就提心吊胆的。

因为焦虑，我们无法专注于现在，更无法从容地面对亲人的离去。着力于当下的生活，尽可能地拥抱生命的美好和温暖的爱意，才能远离焦虑。

第四章

承诺、计划与责任

放弃计划好的生活，生命才会充满惊喜。

——约瑟夫·坎贝尔（Joseph Campbell）

承诺照顾好亲人——我们需要不断地做好计划和决定，再用实际行动来践行自己的承诺，而这对看护者会产生巨大的影响。谨记承诺，我们才会有动力和毅力面对各种各样的挑战。义不容辞地承担责任带给我们充分的成就感，充满勇气地克服恐惧带给我们十足的信心，竭尽所能地完成工作则带给我们巨大的满足感。承诺，引领我们成长。

巴里手记

真没想到，我会累成这样。

虽然毫无困意，但是我身心俱疲，肌肉酸痛不已，大脑也好像迟钝了。做饭，拿药，频频探望患有阿尔茨海默病的母亲——这些并不是疲倦的根源。根本问题在于，我完全没有放松的时刻，神经一直紧绷着，看护领域的专家卡萝尔·莱文把这种状态称之为“二十四小时待命”。即使没陪在母亲身旁，我的脑袋里也总是思虑着母亲，她在做什么，怎么样了，安不安全?

多给自己一些鼓舞是治疗疲乏无力的良方。我身边有很多闪光的例子，他们激励着我。邻居的一位老太太，每天都陪生病的丈夫散步。她紧紧地握住丈夫的手，非常有耐心地鼓励老先生再多走几步。还有一位女儿，已近中年，幽默风趣，她的老父亲有认知障碍，可她就能把父亲整天逗得乐哈哈的。还有我的母亲，虽然记性和思维能力都不如从前，却依旧努力思考，努力照顾好自己，有尊严地生活。

我对自己，也对母亲许下诺言，纵然岁月无情催人老，但我可以帮母亲实现“软着陆”。有了这个信念，我目标明确，浑身又充满了力量。赶紧抖落一身的疲惫，因为我很清楚现在该做什么。

正因为对自己和爱的人许下了承诺，我们才会有疑惑、困顿和疲惫，这时候要相信自己有足够的责任心，一定会实现诺言。

让母亲搬过来和自己一起住的决定使得盖尔惶恐又无助，过了好些时间她才逐渐适应新的生活。

但这无疑是最明智的决定。要是母亲继续一个人住，安全无法保证，因为盖尔是她唯一可以依靠的人；而且住到一起，也能节约不少开支。可住在一起麻烦事情也不少。母亲有很多不满意的地方，但她也只能如此了。

盖尔觉得从一出生，母亲就不喜欢她。虽然自己举止端正，听话乖巧，学习成绩优异，长大以后找了份喜欢的工作，做得也很出色，然而母亲对她的期待可不是这些。盖尔一直单身，也没孩子。她既不赶时髦，也不在意打扮。母女俩的共同话题很少，因为两人的兴趣爱好实在相去甚远。

母亲搬来那天，盖尔还特意琢磨了一下怎样才能讨母亲开心。虽然母女俩亲密无间的可能性是不太大了，但盖尔想给母亲提供一个安全舒适的生活空间。她甚至开始关心母亲的兴趣爱好，期望母女关系有所改善。

盖尔在努力的同时，母亲也没有袖手旁观，她也在改变。渐渐地，母女俩更了解对方，从心底欣赏对方，这可是从来没有过的事情。在两人的共同努力下，曾经在痛苦中僵持的母女关系终于有所好转，而这是她们一直渴望的。

有意识地摒弃差异，呈现出自己更好的一面，那么我们所照顾的人也会效仿。持久而又温暖的情感关系是对我们努力的最好回报。

总有那么一天，其他的孩子会理解我。

或许永远也不会有那么一天。伊丽莎白一心一意地照顾着威利，不在意别人怎么评头论足。她有五个孩子，威利排行第三。打生下来，威利就是个顽劣的孩子。小时候，他总是捉弄妹妹们，还偷哥哥们的棒球卡。后来上学了，因为淘气老是被负责纪律的校长助理找麻烦；他还因为故意损坏公物而被警察抓去过。兄弟姐妹们都不喜欢他，他们觉得威利让全家人蒙羞。

可是威利毕竟是她的儿子。伊丽莎白对他的爱，跟对其他孩子完全一样，分毫不少。大概在威利二十五六岁的时候，有天晚上在他吃了止疼药，紧接着又喝了伏特加之后突然停止了呼吸。医生说他的大脑因为缺氧而受到了损伤，毫无疑问，伊丽莎白会陪着他。现在威利想事情会比较慢，走起路来僵硬且摇摇晃晃，有点像弗兰肯斯坦怪物。威利再也没法工作或照顾自己了，伊丽莎白就让儿子搬回来，跟自己一起住。

其他的几个孩子气愤极了。他们说威利是自作自受，母亲完全不用这么牺牲自己去照顾他。他们还抱怨，就是因为威利，伊丽莎白没有时间和其他儿孙在一起享受天伦之乐。儿女们的不满让伊丽莎白心烦意乱，无奈之下她只好专门挤出时间给其他孩子，但她内心依然觉得自己应该全力以赴照顾威利。毕竟威利可以依靠的人只有她。她把威利带到了这个世界，就应该履行自己的责任和义务。任何解释都是多余的——伊丽莎白展现了伟大的母爱。

为了照顾好家人，有些看护者对别人的评论淡然处之，忠于自己的职责，实现自己的承诺，他们展现了人性中美好的一面。我们发自内心地欣赏他们，感激他们，并支持他们的选择。

婆婆之前摔倒过好几次，这次被送进了急性康复中心，戴安慌了神，不知如何是好。

虽然丈夫已经离世了，戴安还在一直坚持照顾婆婆。这十一年来，她很了解婆婆有多渴望能回到自己的家，但她的阿尔茨海默病日益恶化，越来越离不开人。让婆婆回家住，戴安也不是没想过，但是这样她就无法了解婆婆的需求。自己一个人照料吧，不够周全，不好；雇个帮手吧，照顾得太多太细致了婆婆又一定会觉得灰心丧气，也不好。而且，戴安还想着能省些雇佣看护的费用。

在康复中心的时候，戴安和护士、治疗师以及医生都沟通过，对于婆婆目前的状况需要什么样的看护，他们给出了宝贵的意见。戴安又联络了婆婆那边的亲戚，问他们能帮上多少忙。当然，她把所有情况跟婆婆也讲得很清楚。照顾婆婆，自己的工作，还有其他要尽的责任，一番仔细斟酌过后，戴安心里有了打算。

戴安现在有了较为清晰的规划：婆婆继续一个人住，除了自己过去照料，亲戚们也帮帮忙，再雇一位看护。婆婆出院回到家后，再过段时间就和她商量一下，看这个计划是否可行，婆婆的安全是否得到了保障。戴安的初衷是帮助婆婆达成心愿，让她住在自己家里，同时确保生活质量。戴安会保持与医疗人员以及亲戚们的沟通，毕竟随着婆婆身体状况的改变，护理需求也会有所变化。她决心要做到最好。

承担了照顾家人的义务并想坚持下去的话，首先得对自己的需求有清晰的认识，其次可以从专业的医疗人员和其他家庭成员那里获取指导和支持。

佩吉身边的每个人都对她说，赶紧乘飞机赶回家，要不就见不到父亲了。

兄弟姐妹们搞不懂佩吉在迟疑什么。他们不知道，佩吉只要一坐下来准备订回家的机票，就开始心神不宁，浑身无力，状态糟透了。于是她只好躺到床上休息，但是因为心里恐惧害怕，睡眠质量很差。佩吉不知道该如何跟其他人描述自己的感受——要眼睁睁地看着父亲离开，这让她难以接受。父亲是她心目中的英雄，英俊、强壮，能给她带来安全感。

佩吉是工作以后离开家乡的，每年都会回去几次，探望父母。父亲患上癌症之后的最近这几年，她心中又慌又怕，回家的行程，则是能拖就拖。父亲迅速地老去，变得瘦骨嶙峋，弱不禁风。曾经呵护自己的父亲现在反过来需要儿女们的呵护，一想到这些，佩吉的心都仿佛碎了，心里更惧怕了。她多希望父亲仍旧是那个能保护自己的英雄，她需要父亲。虽然这种想法让她觉得惭愧又难以启齿。如果说出来，兄弟姐妹们一定会觉得她疯了。

这天深夜，佩吉仍旧无法入眠，于是爬起来订回程的机票。再过两天，她就能看到父亲了。订完票，关上电脑，佩吉如释重负。接受现实令人不安、沮丧，却又无法逃避，所以必须面对。她要去看看父亲，跟父亲道别，让他知道女儿一直都在。她爱父亲，所以不想留下任何遗憾。

我们挚爱的人会经历病痛和死亡，这确实让我们觉得害怕和恐慌。记得自己的责任和义务，我们才能克服恐惧，做自己该做的事情。

第五章

群体支持

悲伤可以留给自己，但是与人分享快乐，会收获双倍的快乐。

—— 马克 · 吐温（Mark Twain）

适时地关心自己与照顾他人同样重要。太多时候，我们隐忍自己的感受，不到万不得已不会向别人寻求帮助和情感支持。万一别人拒绝怎么办？我们害怕面对失望和沮丧，在意别人评判的目光，或者担心欠下太多人情。我们往往忽略了问题的另一面：向他人寻求支持，让他（她）感受到你的信任，实际上能让他（她）体验到给予爱、付出爱的幸福感。在这个过程中，双方通过积极的互动会建立情感的连接。无论是大家庭、邻居、朋友还是我们照顾的对象，都可以从中受益。

兄弟姐妹八人在客厅的沙发上围坐了一个大圈子，父亲坐在一头的折叠椅上，全神贯注地听着大家热烈的讨论。

女婿儿媳们，连同孙子孙女们，还有朋友们坐在餐厅，也在关注着他们的谈话。这样的家庭会议，每季度举行一次，专门用来商量照顾父亲的事宜。凯利家的成年人会聚到一起，了解父亲中风以后的医疗状况，目前看护有什么样的需求，看护计划有没有需要改动的内容等。这样的家庭会议一开就是几个小时（兄弟姐妹们会因为意见不同而争论）。为了父亲，大家同心协力。每每看见这样的场景，再想到自己和妻子所创造的家庭是如此洋溢着爱和温暖，老凯利都会感动不已，精神也好了很多。

然而，像凯利家这样同心协力、共渡难关的家庭并不多。一般而言，看护的重担都会落到某个人的肩膀上（研究表明，通常最年长或年幼的女儿承担得最多）。尽管看护的压力日益增加，她还是继续包揽所有的工作，而不会向兄弟姐妹们寻求帮助。这么做的原因是她觉得自己一个人做反而少些麻烦，张嘴求人终归是件难事。时间久了，耗心耗力不说，她很有可能会觉得孤独、怨恨、精疲力竭。

有什么好办法能创建一个团队让大家共同分担呢？长久以来的感情纽带和每个个体的责任心能让我们做到同心协力。如果兄弟姐妹之间的感情并不亲密，相反还有些疏离，那么你可以直接与他（她）对话：我在尽心尽力地照顾我们所爱的人。你能够帮助我吗？即使你拒绝了我，我也依然爱你，但是现在我真的很需要你，我们只有齐心协力才能渡过难关。

团队合作非常重要。只有互相支持才能更好地照顾我们所爱的人，还有自己。风雨同舟，齐心协力，这样同胞手足之间的感情会更加深厚，在以后的岁月中也能更加团结一心。

玛乔丽一直在家照顾患有阿尔茨海默病的母亲，心力交瘁的她万不得已只好向姐妹们求助。

玛乔丽不用上班，所以三姐妹本来打算由她照顾母亲，周末不忙的时候另外两个姐妹来换换手。起初，玛乔丽非常乐意照料母亲，也做得很好。但两年下来，看护工作变得越来越繁杂，她开始焦躁不安，睡眠也出现了问题。不得不承认，仅凭一己之力，玛乔丽没办法再坚持下去。她觉得自己很失败。

玛乔丽的姐妹们非常感激她所付出的一切，支持她，也理解照顾母亲真的不容易。虽然最初姐妹们都发誓不会把母亲送到疗养院，但是现在她们一致认为，那反倒是最安全的地方。姐妹仨带着母亲一起走访了几家声誉很不错的疗养院，一个在边上陪着母亲，另外两个考察设施和服务。最后，她们把母亲送到了一家口碑很好的疗养院，看护很专业，安全也能保证，姐妹仨终于松了口气。

之后，她们制订了新的计划。三人轮流探望母亲，并通过手机短信向其他两人汇报母亲的情况。

如果护理工作令你疲惫不堪，那么将看护对象送到护理中心或疗养院等机构，让朋友或是其他人帮忙，也是明智的选择。

安妮不想给别人添麻烦，可女儿珍妮却一个劲儿地鼓动她请邻居们定期帮忙。

“你知道的，自己能做的事情我都尽量自己做。”已经 75 岁的安妮跟女儿争论道，“而且邻居们也很忙，我想跟大家好好相处，而不是成为别人的负担。”但是女儿珍妮坚持认为，如果母亲还想和丈夫，也就是她的继父，好好地生活在这栋房子里，她必须向别人寻求帮助。

安妮很坚定，她不想给任何人添麻烦。有次隔壁邻居家的孩子帮她铲了门口汽车道上的积雪，还有一次在丈夫住院的时候对面的一位邻居送来一大份焙盘菜，她都接受了。但是安妮认为那些都是特殊情况。直到有一天，丈夫在浴室摔倒了，安妮抬不动他，她必须做一个艰难的抉择：给珍妮打电话，让她开半小时的车过来帮忙？还是打给警察或火警？好像都不太好。最后，实在无奈的她只好不情愿地拿起电话，请隔壁邻居帮忙。

邻居很快就到了。他大概四十岁，是个身强体壮的大块头，毫不费力地就把丈夫抬了起来。似乎察觉到了安妮有点局促不安，他风趣地开着玩笑。安妮很感激他，帮忙不说考虑事情还那么周到。那天下午，她给那位邻居送了一盘自己烤的曲奇饼干，还附上了卡片，表示谢意。

打那之后，有什么困难之处，安妮都会请邻居帮忙。在她需要的时候，那对父子很乐意帮助她。安妮每次都会用曲奇饼干向他们致谢，邻居不在家的时候，她也会帮他们代收快递包裹。邻里之间相处得融洽极了。

我们生活在群体中，付出爱，也收获爱。有来有往，与不同个体所建立的情感纽带滋养着我们的生命，也温暖着我们的内心。

七岁的凯西一边做数学作业，一边透过窗户望着对面院子里的那家人。

凯西知道那家有个十岁的小男孩，大脑遭受了严重的损伤，父母除了要照顾他，还要照顾下面的三个弟弟妹妹。这会儿，父亲照看着男孩，母亲和另外三个孩子在一起玩耍。眼前的场景让凯西焦躁不安，万分难过。她努力集中注意力，继续做明天要交的数学作业，可是眼睛又不由自主地望向窗外。

这家人已经搬过来快两年了，但是凯西没有怎么跟他们打过交道。她知道他们生活得挺艰辛，整日照看孩子，几乎没有喘息的时候。凯西望着他们一家人，虽然看起来忙忙碌碌的，但是他们并没有表现出丝毫不高兴。凯西看得入了神，看来作业是写不下去了。

她起身，从后门出去，穿过自己家的院子向他们走去。一个小一点的孩子跌跌撞撞地跑过来，隔着栅栏望着她。紧接着，妈妈跟了过来，凯西简单地介绍了自己，然后提议她可以陪孩子们玩一个小时。妈妈彬彬有礼地向她表示了谢意。很快，凯西就蹦蹦跳跳和孩子们玩到了一起，追赶，打闹，银铃般的笑声回荡在院子里。快乐的时光过得飞快。

结束之后，孩子的妈妈再次感谢凯西，凯西说她以后还可以过来陪孩子们玩耍。她留了自己的电话号码，告诉他们如果需要帮忙可以直接打这个电话，只要有空，她一定会过来。

那天晚上，凯西坐下来接着写数学作业的时候，回想起陪伴孩子们度过的时光，她觉得：帮助别人是件多么幸福的事情啊，虽然只有一小时的时间。她决心坚持下去。

帮助别人，给予支持和援助，我们也收获了快乐和幸福。

丹妮丝去探望父亲的时候，父亲向她诉苦：自从丹妮丝的母亲离世后他一个人是多么孤单。

只要有时间，丹妮丝就去探望父亲，但是她得全职上班，三个孩子年龄也还小。她问父亲有没有打电话喊朋友或者亲戚来陪陪自己，父亲的回答总是“没有”。父亲成天闷闷不乐，懒得跟任何人通电话。一开始，大家还都打电话过来嘘寒问暖，但是父亲有时候不接，也不给人家回过去，后来问候的人就越来越少了。

丹妮丝决定，以后每次去探望父亲的时候，趁父女俩都在，一起打电话给一个父亲牵挂的人。她用另外一个听筒，这样三个人就能共同聊天了。几个月下来，他们把跟父亲关系亲近的亲朋好友打了个遍。他们打给了父亲的兄弟姐妹们，他们住得都很远。父亲的好友一个也没落下。电话让父亲恢复了往日的活力，心情也开朗了许多。

父亲最后死于心肌梗死，在那之前，丹妮丝最后一次探望他的时候，他们一起给父亲的哥哥大卫打了电话。大卫住在美国的另一边，路途遥远，不是想来就能来的。三人聊得很开心，也比平时说得要久，父亲谈笑风生，非常高兴。每每回想过去，丹妮丝总会记起最后一次通话，和父亲还有伯伯的幸福时光。她非常感恩，感恩有这样的快乐和幸福，也庆幸自己能携手父亲走过人生最后的一段。

我们照顾的人也有他们自己的情感连接对象，自己的朋友、亲戚。我们应该帮助他们、支持他们，创造机会和平台让双方进行感情的交流，每一方都会获得幸福和满足。

第六章

付出和奉献

宇宙之大，唯爱可及。与爱人，与配偶，与儿女，与父母，与朋友，与亲人，我们都应该学会爱和奉献。

——斯瓦米·穆克塔南达（Swami Muktananda）

无私的、深刻的、坚定不移的爱和付出，无论对看护者还是被看护者，都是上帝的眷顾。牺牲自己，照顾他人，赋予我们生命更广阔的宽度和更深刻的价值。日常琐事只是看护工作的一部分，尽己所能地照料所爱的人则让我们的同理心和爱的能力不断地成长。

急诊等待区，乔丹坐在妈妈的身旁，浏览手机信息、回复电子邮件，即使在医院也不浪费一分钟。

他知道今晚肯定得待到半夜。母亲胸口痛，俩人刚刚一起来的医院。虽说现在已经不痛了，终归还是得检查一下才能放心。乔丹和妈妈都希望能早点结束，不想拖到第二天早上。

乔丹专心地用手机处理工作，全然没有注意到母亲的啜泣。直到护士过来准备把她转到急诊室里面用帘子挡起来的小隔间的时候，他才发现母亲在偷偷地抹眼泪，乔丹一时很错愕。他和护士一起把母亲推进临时诊室，等护士离开之后他才问母亲怎么了。母亲只是耸耸肩，没作声。乔丹追问道："好好地怎么会哭起来？"

母亲的回答很长，也很令人动容。她说她觉得自己成了乔丹的累赘：儿子那么忙，自己还害得他没法睡觉；为了照顾她，女朋友、好朋友也都顾不上了；乔丹可能还会因此而错过一些重要的工作安排。让儿子背负那么多责任，她不禁深深地自责。说完之后，母亲又开始流泪。

乔丹站起来，紧紧地拥抱住母亲："没关系的，妈妈。"他说，"我不觉得您是负担，相反，您对我来说很重要。能报答您的养育之恩，这是我求之不得的。我爱您，妈妈。爱一个人，就得照顾好他（她）。这是您教给我的。"

说完，乔丹拿起手机继续回复邮件，但是这次，母亲笑了。

照顾所爱的人是一段长长的旅程，时常停下来，思考一下你所做事情的意义和价值才能持之以恒地照顾，始终如一地奉献。

赫莲娜和约格喜结连理，对于未来的生活他们都打算好了。

赫莲娜刚患了乳腺癌，正准备放疗。而约格经历过中风，之前一直在做理疗，恢复腿部肌肉的力量，改善身体的平衡能力。约格非常配合理疗，因为他迫切地希望自己能够快点好起来，这样就能开车带赫莲娜去看医生了。寡居多年的赫莲娜被他的爱和奉献深深地打动了。身体还行的时候，她就做些丈夫最爱吃的东西，这让约格很感动。

天有不测风云，出乎两个人的意料，约格被查出了肺癌。屋漏偏逢连夜雨，赫莲娜糖尿病所引发的肾病也恶化了。他们都觉得这场婚姻给对方帮了倒忙，彼此深爱着对方，本来想相互有个照应，可是接踵而来的健康问题却横亘在两人中间。未来的生活会怎样呢？他们感到非常着急、焦虑。

一天晚上，约格忍不住潸然泪下，他问赫莲娜，现在的状况他连自己都照顾不好，更别提照顾别人，她会不会后悔跟他结婚。赫莲娜抱住约格，两人先是抱头痛哭，接着又笑出了声。老天爷确实有点不公平，给了他们这样的身板儿。赫莲娜凝视着约格的双眼，她说她又觉得自己很幸运，无论疾病还是健康，两个人能相濡以沫、风雨同舟，这也是老天爷的安排。

用我们的真心和奉献，换取别人的爱与真心，这是上苍给人类最好的馈赠。

格蕾特知道，无论是App、社交网站，还是电话，都不能拉近俄勒冈州到纽约州的距离。

格蕾特是姐妹仨里最小的一个，她跟随部队工作的丈夫从一个军事基地搬到另一个基地，足迹遍布世界各地，最后才在波特兰的郊外定居。她的姐姐们，从来没有离开过家乡，一直住在纽约州的北部地区。现在，患有阿尔茨海默病的母亲身体每况愈下，姐姐们每天都要过去照看。可格蕾特能做的仅仅是远程关心，或者我们可以称之为“长途看护者”。

格蕾特知道，像她这样的长途看护者饱受大家的诟病，一来他们无法真正了解看护对象的需求，二来他们还会对守在病人身边的看护者指手画脚。格蕾特下定决心，要帮忙就得脚踏实地，绝不做姐姐们的累赘。她经常打电话，夸赞姐姐们的努力和付出。更重要的是，她还会一直询问母亲当前的状态，以及自己能做些什么。

姐姐们也没把她当外人，就直接让格蕾特负责管理母亲的收入和账单，格蕾特欣然应允。每月到了给家庭护理员付薪水的时候，格蕾特就把钱打过去。姐姐们累得不行需要有人轮换的时候，格蕾特和丈夫就会尽快赶过去。

虽然住得离母亲很遥远，格蕾特还是尽了自己的最大力量，爱着母亲、照顾母亲。全家人都觉得她做得很好。这么多年来，姐妹情从来没有像现在这么亲密，她们互相沟通、互相理解，因为母亲，姐妹们的心靠得更紧了。

帮忙帮忙，也可能帮成倒忙。长途看护者应该先向守在病人身边的看护者打听清楚他们的需求，再有的放矢，避免帮倒忙。

十七岁的姑娘帕姆，在结束高中毕业典礼后回家的路上，不幸被一辆酒驾的车撞翻。母亲佩妮在得知消息之后，先是被吓得六神无主，而后悲痛欲绝，最后是控制不住地怒火中烧。

帕姆在重症监护室待了一个星期，现在活下来是不成问题了，但她的大脑受了重创，留下很多后遗症。尽管佩妮仍旧沉浸在悲痛中，但她已经义无反顾地决定要好好照顾女儿。

佩妮就是看着母亲几十年如一日地照顾父亲慢慢长大的，父亲也是因为交通事故，脊髓受损。母亲的毅力和恒心不仅体现在照料父亲上，她还含辛茹苦地把三个孩子抚养成人，她对家庭的爱与奉献，从来没有动摇过。佩妮十分敬佩自己的母亲。

现在，轮到佩妮接受命运的考验了。照顾女儿，她别无选择。那是她的孩子，是她的责任。帮助帕姆康复到能够独立生活并非易事，佩妮愿意一直陪女儿走下去，支持她，帮助她，无论是身体还是心理上。

爱与奉献是看护工作的基石。再宏大的爱的故事无非也就是生活中的点滴话语和关心呵护，付出和奉献。

背也驼了，腰也弯了，嗓门也不洪亮了，可是老罗恩的余威犹在。

他脾气粗暴，态度生硬，四个孩子虽都成年了，但没有人敢跟他发生争执。再淘气的孙子孙女只要一看到他瞪眼睛，就都不敢作声了。其实罗恩并不是个刻薄的人，他只是看起来有些武断专横。

老罗恩的妻子去世之后，他就一个人住。有一天，他不小心在厨房的油毡地上滑了一跤，摔倒了，结果股骨头骨折，需要手术。儿女们晓得必须有个人搬过来跟父亲一起住，照顾他，直到康复。老罗恩的长女温蒂主动承担了看护的工作。她了解父亲的脾性——难缠不说，要求还特别多。父亲抱怨没胃口的时候，她就好言好语地哄他先尝几口，然后看着他把一盘子食物全吃光。当父亲拒绝去做理疗的时候，她不急不慌也不退让，直到父亲点头为止。她戏谑地喊父亲“老难缠”，父亲则喊她“小监工”。

父亲从来没有直说过，其实他心里很享受父女共度的时光。你一言我一语的玩笑，针尖对麦芒一样的对峙——因为这些，父亲似乎变得更有活力了。温蒂也很喜欢陪伴在父亲的身旁，她知道父亲就是嘴硬，其实行动上还是很积极配合康复治疗的。只要父亲开心，她就乐意奉陪，付出耐心和包容，不期望有任何回报。父亲终于痊愈了，温蒂也要搬回去了，父亲凝视着温蒂的双眼，用异乎寻常的温柔口气说道：“谢谢！”千言万语尽在不言中。

看护者无私地付出，却不期待任何回报。他们会依据亲人的习惯和个性，采取不同的照料方式。别人或许手忙脚乱，而他们从容应对，不轻言放弃。

托莉和托妮是一对同卵双胞胎，两姐妹的关系同大多数双胞胎一样，可以用爱恨交织来形容。

托妮的成绩比托莉要好，性格更外向一些，交过的男朋友也要多点。姐妹俩结了婚，各自有了家庭，但是托莉对姐姐还是有些嫉恨。她觉得，两人明明差不多一模一样，为什么托妮得到的总是比自己得到的多呢？

后来，托妮身上长了一种恶性的黑色素瘤，医生说哪怕最积极的治疗手段，可能也无济于事，托莉听到这个消息之后伤心欲绝。她觉得自己快要垮掉了，她无法想象失去姐姐的生活会是什么样，那个让她又爱又恨的姐姐。托莉暂停了手头的一切工作，一心一意地陪伴姐姐。她努力让全家人同心同力，帮助托妮。她跟医学专家们沟通，尽力去了解一些尚处在试验阶段的疗法。最后，托妮被送进了临终关怀中心，只要有时间，托莉一定陪在她左右。

托妮去世之后，托莉久久无法从悲恸中走出来。随着时间的流逝，悲伤渐渐褪去，托莉的心境也趋于平和、安宁。毕竟，在姐姐走之前她克服了嫉妒和怨恨，无私地爱着姐姐。她很庆幸，至少在最后让托妮感受到了她的爱。

全心全意地照顾所爱的人，这样的经历会让我们获得灵魂的洗礼和重生，内心的祥和与安宁。

第七章

鼓励被看护者独立自主

我没有变。虽然已经七十多岁，我还是五十年前的那个小女孩，还是那个年轻的我。我热爱生活，独立自由，相信爱情，又充满正义感。

——伊莎贝尔·阿莲德（Isabel Allende）

照顾所爱的人时，我们既要让他们尽量独立和自给自足，又要保证他们舒适和安全，必须在两者之间谋求平衡。对于病人来说，能否独立自主意义重大：给予充分的自由是良好生活质量的前提，过多的约束会让他们感觉无助、抑郁。但同时，看护者又不敢轻易放松警惕，万一有个差错呢？温柔体贴的问候和关心，充满爱意的眼神，定期检查病人的状况，这些才是两全之策。

每次家庭聚会，已经八十一岁高龄的玛利亚还能在厨房大显身手，她为自己感到骄傲。

玛利亚会为大家准备肉圆、意面、几样蔬菜和至少一道煮菜，甜点就不用提了。随着玛利亚渐渐老去，女儿安东尼娅开始给妈妈打下手。最近一次聚会举行之前，玛利亚告诉女儿她干不动了，于是安东尼娅全盘接了过来。

安东尼娅知道其实妈妈还能做不少事情，就这么撂挑子不管了反倒对她的健康不利。可是玛利亚听不进她的劝告。安东尼娅也明白，跟母亲争执是争不出结果的。

接下来的一次家庭聚会之前，安东尼娅问母亲，能不能到厨房来指导一下。听说能待在厨房，但是又不用亲自动手下厨，玛利亚很高兴。她不但教安东尼娅和孙子孙女们怎么做甜点，还帮着尝调味汁的味道，告诉他们该放哪些调料，火候如何。总之，食物做得怎么样，全由她把关。最后，一大家人坐下来品尝美味佳肴，人人都赞不绝口。安东尼娅告诉大伙，今天的主厨是母亲，她和其他人不过是帮厨罢了。玛利亚开心地笑了，全家人都夸她做的菜好吃。

鼓励家庭成员继续做力所能及的事情，对他们的身体健康大有裨益，也会带给他们成就感和满足感。

菲尔感到无比沮丧。父亲鲁尔自从继母去世之后就万念俱灰，整日一副愁眉不展的样子。

十五年前，父亲鲁尔和继母费依结婚的时候，菲尔有一肚子的疑问和不满。不过很快他就发现，继母是个很不错的人。费依对父亲太好了，以至于她走了之后，父亲好像失去了左右手，什么也做不了，就像个不懂事的孩子，对什么都很抗拒。

菲尔没有时间，也没打算帮父亲做饭、洗衣服或者跑腿处理杂事。但现在哪些事父亲能做，哪些做不来，他弄不清楚。经过一番深思熟虑之后，菲尔有了主意。他先让父亲帮忙一起干活，然后慢慢放手，让他自己独立完成。他知道，得过一段时间，父亲才能完全独立自主。实在万不得已的话，那就雇个人，一个星期过来几次，帮父亲把没做好的事情做完。

菲尔开始实施自己的计划：出门的时候请父亲开车，购物前让他列好清单，去超市前让他先想好吃什么，敦促他自己洗衣服。这样一来，菲尔通过观察，不仅对父亲的自理能力有所了解，对他的需求也有了清楚的认识。只要父亲能独立完成，菲尔都会不遗余力地夸赞他。渐渐地，鲁尔喜欢上了自己动手、独立自主的生活方式。

鼓励所爱的人自己动手是项艰巨的任务。我们需要付出足够的耐心、爱心和同理心，但最终两方都会觉得，独立自主的生活方式，感觉好极了。

鲁比搬进有辅助看护的养老院没多久，三个孩子就跟着担心起来。

他们听说，母亲大部分时间都跟一个叫雷的老头待在一起，他的房间跟鲁比就隔着几扇门。父亲过世十几年了，母亲从没想过要再婚。可现在她却像个小姑娘一样，天天和雷手牵手，一起吃饭，跟别人说话时也是三句话不离雷。儿女们觉得母亲的所作所为让他们很难堪，他们还担心雷是不是别有用心。

他们坚持要和养老院的负责人、护工碰个面。会面之前，鲁比的儿子和两个女儿惴惴不安。他们压根没想到，迎接他们的两位工作人员会满面笑容、轻松和蔼。苏珊是该机构的负责人，已经在养老院工作了二十多年；维吉尼亚照顾老人也有十几年的经验。她们让鲁比的儿女们放心，他们的母亲在这里很安全，不会有事，并且她很快乐。类似的情况她们之前遇到过许多次。鲁比说自己又恢复了活力，比以前开心多了。

会面就要结束了，尽管鲁比的孩子们仍然心有疑虑，但是他们都愿意更多地接纳雷，也会尽量尊重母亲的决定。正如维吉尼亚所言，母亲有自我选择的权利。能勇敢地做出决定，这其实是件好事情。

激励所爱的人为他们自己的人生做出决定，他们会觉得幸福和满足。

阿尔伯特二十六岁，患有精神分裂症，他的母亲芭芭拉正努力地让他站起来，走出家门看看外面的世界。

芭芭拉的丈夫——道格，却打算让儿子一辈子待在家，他保护儿子。夫妻俩意见相左，针锋相对，结果闹得家里气氛很紧张，感情也有了裂痕。阿尔伯特似乎觉察到了什么，开始变得躁动不安，他的精神科医生格雷格认为，夫妻二人的争吵很可能加重了阿尔伯特的病情。

格雷格和夫妻俩碰了面，试图调解他们之间的矛盾，也想看看有什么好办法能解决这个问题。在他的指导下，夫妻俩达成一致，那就是他们都希望阿尔伯特将来可以独立地生活。然后，格雷格建议他们采取一个折中的办法：阿尔伯特确实需要保护，但同时也需要一个阶段性的、循序渐进的计划，引导他走向独立。他建议可以先让阿尔伯特住到精神病人的社区之家，学习一些基本的生活技能，获得足够的自信心，这样他才能更好地照顾自己、更快地康复。等阿尔伯特再大一些时，可以住到有专人看管的房子里，实现生活完全自理。

芭芭拉和道格不太确定这样的方案适不适合阿尔伯特。但是为了能让儿子将来有独立生活的能力，他们问了阿尔伯特的想法。阿尔伯特先是向格雷格问询了精神病人社区之家有哪些活动，接着令人惊喜的一幕发生了：他说他很愿意去住住看。这是阿尔伯特做的一个最重大的人生决定，对于他们一家人来说，这意味着一个美好的开始，阿尔伯特走出了自主生活的第一步。

可怜天下父母心。鼓励孩子勇敢往前踏一步，还是如母鸡护雏般地将他们保护起来，对父母来说真是个两难的选择。我们应该权衡两方面，尊重孩子的选择，做好适当的防护，鼓励他们成长。

接到早期阿尔茨海默病的确诊通知，特伦斯的人生从此改变。

突然，特伦斯仿佛觉得罗博和艾伦，他的两个已经成年的孩子，正满腹狐疑地打量着他。他们不止一次地暗示父亲，或许他不能再开车了。来探望他的时候，两人也是在屋子里四处查看，好像要抓住什么证据或把柄。他们甚至还在餐桌上放了一本小册子，是附近一家提供辅助看护养老院的宣传册。

特伦斯知道自己的记性是不太好了，有时候会糊涂忘事。他也明白阿尔茨海默病会越来越严重，到时候他肯定需要别人的帮助。但是总不能因为得了这个病就被当成定时炸弹吧。只要身体允许，他仍旧渴望有自己的生活——住在家里，自由自在，做些力所能及的事情。

周末，特伦斯把孩子们叫到家里一起吃饭。罗博和艾伦正吃着他做的火鸡三明治和沙拉的时候，特伦斯发话了，他说他能够理解孩子们对他的关心，但是最好不要插手他的生活，“我还能做很多事情。要是我做不了了，我会跟你们商量下一步怎么办，是否需要帮助。”

孩子们很快明白过来，父亲的要求是合情合理的。他们完全理解父亲渴望自主生活的强烈愿望，同时，他们也很想保障父亲的安全。

“坐下来谈谈各自的想法，是解决问题最好的办法。”罗博说。话音未落，艾伦又加了一句:“我们爱你，爸爸。我们并不是故意要干涉你的生活。”特伦斯很欣慰，哪怕病会越来越重，孩子们都会是人生路上的伙伴，而不像蛮横的顶头上司一样对自己的生活指手画脚。

花点时间去思考所爱的人真正需要的是什么，这也是一种爱的方式。细致入微的观察、真挚诚恳的谈话，再加上专业的指导，相信我们可以提供恰到好处的帮助，实现美妙的平衡。

第八章

灵活性与创造力

摒弃旧的思维方式比发现新的思路更难。

——约翰·梅纳德·凯恩斯（John Maynard Keynes）

照料家人的时候，我们经常会遇到新的挑战。自身的局限，应接不暇的状况，与疾病的不断抗争，有时候会让我们灰心丧气、彷徨无助。下一步该怎么办，我们犹豫不决；还能坚持多久，我们忐忑不安。山重水复疑无路，柳暗花明又一村。其实，我们还可以创造性地解决问题，灵活地处理危机，状况就会有所好转。看护者和病人之间的感情更深了，因为共同克服了新的挑战，我们也更自信，更喜悦。

想到每天早晨要完成的一大堆杂事，南茜就开始打退堂鼓：自己先起床，然后喊母亲起床，服侍她上厕所，穿衣服，测量生理指标，然后吃早饭。

照顾母亲，南茜每天做的都是同样的事情，对于母亲最后的归宿，她也十分明了，虽然内心害怕这一天的到来。她深爱着母亲，也很愿意照顾她。

一个星期二的早晨，跟往常并没有什么不同，万般无奈的南茜决定，今天必须来点不一样的。她先起来做好早饭，烤好法式吐司，磨好咖啡，倒好果汁，然后把食物放到托盘里，又放了一张漂亮的餐巾纸，看起来赏心悦目。接着，她又按原样给自己也准备了一份。然后她叫醒母亲，帮她洗漱，让她坐回床上。她告诉母亲，今天有特别的惊喜哦。然后母女俩坐在床头，一边享用美味的早餐，一边看电视早新闻。母亲很开心，南茜也觉得自己没白忙活一场。

南茜也尝试过其他办法，给单调的日常生活添加新的活力，让母女俩日子过得更有滋味。一天早上，她拿出猜字谜的卡片，和母亲边吃早饭边玩。还有一天，母亲要去看医生，南茜找出三套服装还有首饰配件供她挑选。再比如，有天早晨洗漱的时候，母女俩跟着百老汇音乐一起歌唱。这些虽说算不上什么翻天覆地的变化，但是至少南茜感觉没那么糟了。南茜可不怕困难和挑战，她要不断地寻找新的方法，来增添生活的乐趣。

花点时间给枯燥的生活添点乐趣，你和你爱的人会相处得更愉快，关系也会更亲密。

做母亲这么多年来，经常有认识的人拿约瑟芬开玩笑，因为她的孩子太多了。

人们经常打趣地说她：“孩子多得都够组两个篮球队了。”或者他们还会拿英语中的一句老话来形容约瑟芬一家：“一个妈妈可以照顾十个孩子，但是十个孩子照顾不好一个妈妈。”约瑟芬中风之后，如果再一个人住会不太安全。她那分布在好几个州的十个孩子都很乐意把母亲接到自己家里住。

十个兄弟姐妹，要是没点创造力和协作精神，是无法解决看护母亲这个难题的。起初，最小的女儿玛利亚搬到母亲的住所，照顾了母亲几个月。但是，她的丈夫和孩子们实在受不了整天吃外卖的日子，于是玛利亚只好搬回去，由约瑟芬的长子和儿媳妇照顾。后来，他们全家要去欧洲旅行，这是早就计划好的，于是约瑟芬的一个孙子赶了过来，照顾了三个星期。约瑟芬家里那间空置的卧室就像酒店客房，不停地有人搬进搬出，大家轮着过来帮着照料约瑟芬这位大家长。

这样的状况有点混乱。每个人照顾她的方式都不一样，比如怎么服侍她洗澡，给她做什么饭。但约瑟芬已经习惯了，并且很享受这种乱糟糟的状态：一大家子人，多热闹啊。每次要换人的时候，她不仅仅期待，还很兴奋，不知道下次来的会是谁呢？以前呢，是一大家子人住在一起，约瑟芬觉得现在这样更好，她能更仔细地了解每一个人。她爱孩子们，爱这个大家庭，他们无私地照顾自己，并且个个都很灵活，懂得变通。说实话，她觉得现在的生活比中风之前更幸福、美满。

人数众多的大家庭，只要大家能相互协作，照顾病人一定是有优势的。记住，要彼此配合，懂得变通，弹性处理问题。

没有什么问题能难倒莫伊拉，她能做到得心应手又游刃有余，她自己也引以为傲，可是这次她却被难住了。

丈夫费恩患了帕金森病，现在已经发展到了相当严重的阶段，药物疗法已无法长时间协调他的肢体活动。费恩会从肢体僵直的状态，发展到几乎无法控制肌肉，然后再僵直，这个过程有时候会持续一个小时，有时候会持续将近一天。他经常摔倒，而莫伊拉的力气不够大，没法把丈夫扶起来。

她花钱请人把屋子改造了一遍，装了很多安全设施，比如坡道、拉手等，以降低丈夫摔倒的频率。根据医生的建议，她减少丈夫每次服用的药量，但是增加服药次数，以让药效均匀维持。可是这个方法并不奏效，莫伊拉只好统计了邻居们的名单，看看谁能帮上忙，万不得已的时候只能请他们伸出援手。

这个周末，费恩又摔倒了，可是邻居们都不在家。孤立无援的莫伊拉忍住要夺眶而出的泪水，在地板上躺下来，依偎在丈夫的身边。她唱起年轻时他们两个人都爱听的民谣。费恩也跟着唱了起来，嗓音低沉、沙哑。几个小时过去了，他们就一直说话，唱歌。

最后，她打了 911。两位身强体壮的消防员半个小时就赶到了，他们把费恩扶了起来。虽然丈夫又饿又累，但所幸没有受伤。而莫伊拉因为长时间躺在地上，身体都麻木了。那天晚上，他们躺在床上，会心地笑了。莫伊拉的创造力和智慧让两颗心更加惺惺相惜。

看护工作需要持久的创造力与恒心。我们需要灵活迅速地适应新的形势，才能更好地照顾别人。

直到公公婆婆搬家到我们附近，我和丈夫才察觉，两位老人消瘦了很多。

公公的阿尔茨海默病每况愈下，婆婆一个人已无力看护，而且他们不好好吃饭，营养跟不上。

于是，周末晚上我会做很多菜和他们一起吃，剩下的一个星期都吃不完的食物，就让老人带回去。公公好像跟我过不去似的，总是说他不饿，不想吃东西。喊他自己取食物，他就只拿一点点，坚决不再往盘子里添，剩下的食物也不肯带回家。

后来我想出个对策，把家里弄成“餐厅风格”，每个人面前放一盘盛好的食物，然后开玩笑说:“欢迎大家光临我的餐厅。”令人喜出望外的是，公公婆婆不再固执了，餐桌上也有了欢声笑语，他俩能把盘子里的东西全都吃光。很快，他们的脸庞丰润起来，人也健康多了。现在请他们把多余的食物带回家，老两口也不拒绝了，因为我的托词是——我以为大家能吃完呢，一不小心就做多了。每个周末我都会用同样的“伎俩”，哄骗他们把食物带回去。

以前的家庭聚餐气氛紧张而沉闷，现在呢，一家人有说有笑。我的目的达到了，公婆的健康状况也有所改善。

充分考虑亲人的感受，用富有创造力，富有弹性和智慧的方式解决问题，让他们感受到温暖和爱，每个人都会从中得益。

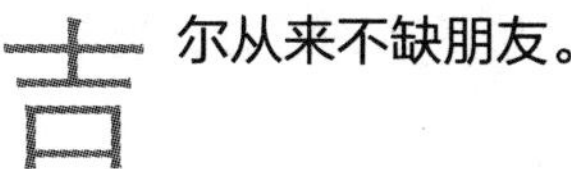

吉尔从来不缺朋友。

自打上高中被选为返校日皇后，吉尔的人缘就一直不赖。现在她八十九岁了，虽然有许多好朋友已经离开了这个世界，但她仍旧每天都能接到问候电话，每周都会有朋友来探望她。尽管身体大不如从前，吉尔仍旧很开心，她爱着老朋友们。

不过，女儿玛茜看到母亲这个样子，却很不放心。即使状态不好的时候，母亲也得打起精神招呼客人，待客人走了，她也累得不行了，玛茜还得照顾她。她知道社交生活对于母亲非常重要，可玛茜不想让她太疲惫。

得想个办法才行，朋友们的到访不能太密集，得让母亲有足够的休息时间。玛茜要和母亲的朋友们好好沟通，让他们知道母亲也有不方便会客的时候，比如身体欠佳需要休息，或者去医院的时候。

玛茜的计划是这样的：首先，收集母亲朋友们的电话号码和电子邮箱地址等信息。然后，做一份联系方式汇总表和一份来访时间统计表，将这两份表格通过电子邮件发给每个人，请他们提前告知来访的时间。如此一来，既能保证每天都有人来看望吉尔，并且还能提前知道来访的是谁。玛茜还通过电子邮件，每周跟他们汇报母亲的情况。嘘寒问暖的电话跟着也少了。这个计划称不上万无一失，不过也帮了不少忙。还有个好处就是，那些之前互相没有留下联系方式的朋友，通过表格联系到对方，也能一起聊天了。

焦虑并不总是坏事情。仔细思考病人的需要和我们的目标，焦虑就能催生出创新解决问题的办法，很可能还会带来额外的惊喜。

第九章
宽 容

爱的终极形式就是宽容。

——雷茵霍尔德·尼布尔（Reinhold Niebuhr）

放下执念，退一步，我们可以获得更广阔的视角，更深刻的洞见，变得更包容。人非圣贤，孰能无过？生而为人，我们都有缺点，都需要努力地改进。选择宽容，你会发现那些曾经让你无法释怀、无法原谅的，其实只会让你变得更好。因为我们不用再背负沉重的负面情感，只需向着幸福和快乐勇往直前。愈合心灵的旧创，忘却以前的不公，我们在成长。

母亲如此尖刻，出口伤人，克丽丝托对此耿耿于怀。

母亲直视着克丽丝托的眼睛，说道："你真是太软弱了！人人都能对你发号施令。"

克丽丝托对母亲的话一直心有芥蒂。是，母亲说的有几分道理，她的确不喜欢跟别人发生正面冲突，但也不能说这就是软弱啊。母亲矛头直指克丽丝托的丈夫泰，他让女儿几乎包揽了所有的家务活。还有克丽丝托两个十几岁的儿子，他们从来不记得要倒垃圾或修剪草坪什么的。当然，母亲或许对她的同事也有所不满，每当克丽丝托休假的时候，工作上有任何一点问题，他们就打电话过来。母亲是不是觉得自己对女儿也有点过分？最近她可没少使唤克丽丝托，喊她帮这帮那。

母亲是个厉害角色，骄傲不说，对别人的批评劝告也从不买账。是克丽丝托令她失望了？克丽丝托非常喜欢照顾别人，会给别人带来快乐，这点母亲是无法理解的。帮别人点忙，这不是应该的嘛，没什么大不了的，更何况帮的是自己的母亲。以后的日子，母亲需要她帮忙的地方多了去了。

克丽丝托前前后后想了想，自从开始照料母亲之后，母亲的情绪变得非常微妙复杂。或许她心里难过，是因为知道女儿还有很多其他事情要做？也可能她担心女儿会满腹怨言，所以刻意疏离？无论什么原因，克丽丝托一定会原谅母亲，这不是软弱，而是宽容，因为她知道母亲爱她。克丽丝托会继续照顾母亲，未来的挑战还有很多，但是她不担心、不害怕，她相信自己可以处理好一切。

原谅他人因为愤怒或冲动而说出的话。包容让我们拥有更多的能量，也更好地理解别人内心的挣扎。宽心释怀，脚步坚定，继续前进，你一定受益匪浅。

辛苦了一天，情绪无法平和舒缓下来，说话做不到和颜悦色，行为也变得鲁莽粗暴，那应该怎么做呢？你可以试试如下方法：

1. 找个安静的角落，深呼吸，感受气流的吸进呼出，注意力集中在呼吸上，直到情绪有所平复。
2. 接受自己面临的困难和挑战。责任太多，压得你喘不过气？事情一件接一件，头绪太多了？看护工作让你感到精疲力竭了？完全没有自我了吗？是否感到自己深陷泥潭，被困住了？
3. 想象这些不是你的困难，而是你的好朋友的。然后想象你会怎样给他鼓舞，给他打气？
4. 把安慰、鼓励朋友的那些话用来鼓舞自己。
5. 告诉自己，觉得做得不够好而自我惩罚并不能让你变得完美。没有人是完美的，也无须渴求完美。换句话说：你现在的样子已经很好了，不完美中的完美。你也有权利像其他人一样接受爱、安慰和理解。再次呼吸，吸气，让气流带着这样的想法，进入你的大脑。
6. 提醒自己，明天又是新的一天。无论是你自己还是你照顾的人，明天都要过得更好，那应该怎么做呢？

呵护自己，让慈悲心和包容为我们的生命注入活力和希望。你不妨试试看。

花点时间，平复心情，呵护自我，为新的一天积蓄力量。你已经尽力了。每一天都意味着成长。

亲杰瑞不是个好相处的人。

从小到大，朱迪在父亲那里几乎没有得到过好脸色，他刻薄、吝啬，甚至可以说是野蛮粗暴，对朱迪的异母弟弟就更过分了。虽然知道父亲以他独特的方式爱着自己，朱迪却苦于无法敞开自己的心扉。

父亲的阿尔茨海默病愈发严重，脾气变得略微温和了一些。后来，父亲生活无法自理了，朱迪想让他住在家里，然后请24小时的护工上门照顾他。可是朱迪的继母对丈夫的坏脾气心有余悸，坚持把他送进了记忆康复机构。

事实证明这个决定非常明智。那里的员工居然都觉得他是个脾气很好的人，尊重他，并且精心照料他。朱迪每个月都长途跋涉去看望父亲，父女俩单独相处的时间平静而美好。父亲一直记得她。透过父亲的眼睛，朱迪看见了遥远的记忆和一抹温柔，有时候父亲还能说出她的名字。还有一次，要分别的时候，父亲嘴角露出笑意，说道："你在这儿啊。"朱迪觉得，这是父亲用他的方式在说"我爱你"。

父亲去世的前一天早上，朱迪问继母："我想原谅一个人，但是他从未请求过我的原谅，我该怎么办呢？"

继母回答道："为什么非要别人请求呢？"

朱迪突然感觉到，单纯的爱充满了自己的内心，或许她心里早就原谅了父亲。父亲离去时，朱迪握着他的手，她知道，父亲去了一个没有疾病的世界，他的灵魂是完整的。

如果可以，请选择宽容。如果可以，请选择遗忘。认清自己的情感，记录自己的情感。做错的地方，勇于改正。你会说，上面的我一条也做不到。那你至少可以给自己一份特别的礼物：刹那之间，纯净而又圣洁的爱。

母亲薇拉患有结肠癌，她决定放弃化疗和放疗。二十五岁的丹妮尔心急如焚，但是她依然尊重母亲的决定。

然而母亲的三个姐妹却无法接受这样的决定。无法对薇拉施加压力，她们就不停地给丹妮尔打电话，施加压力，毕竟她是长女，也是照顾薇拉最多的人。

姨妈们的做法让丹妮尔很反感，大为光火。夹在母亲和这些关系很亲却又固执己见的姨妈中间，她骑虎难下。如果随了姨妈们的想法，母亲会很难过。但是尊重母亲的决定，她担心等将来母亲走了，姨妈们会怪罪她。丹妮尔只好把满腔怒火压了下去，非常委婉地告诉她们，她必须尊重母亲的决定。

几周过去了，电话铃声此起彼伏，丹妮尔的满腔怒火逐渐变成了悲痛。姨妈们各个尖牙利齿，开始是不断地指责和批评，现在话语间则充满了绝望和无奈。大家庭里的每个人都不愿意薇拉离去。所有人都很难过，只不过有的人表露出来了，有的人则在默默忍受。大家都在煎熬挣扎，拒绝接受现实。

最终，丹妮尔原谅了姨妈们，虽然她们曾经几乎将她逼入绝境。她明白这只是她们表达爱的方式。一旦失去了母亲，丹妮尔会更加依赖姨妈们。她希望，姨妈们也会原谅自己，因为尊重母亲的选择，是一个女儿对母亲最好的爱。

理解行为之下深层次的原因和动机，我们才能更好地宽容别人。更多的理解才能让我们更好地成长。

凯伦把母亲埃莉诺送到了养老院，心情糟糕透了。

凯伦实在想不出其他办法了，她得上班，让母亲住家里就得聘请人家看护，他们又没那么多钱。除了每月政府发放的社会保障金，母亲没有任何收入，而且她的阿尔茨海默病已经非常严重了，谁也不放心她一个人待在家里。凯伦的两个兄弟都住得很远，开始他们都认为让母亲住家里更好。不过，在探望过母亲、实地考察过情况，加上听了凯伦的描述之后，他们一致同意还是去养老院更安全。

母亲刚进养老院的那些天，凯伦每次去探望，心里都如刀绞一般。母亲不停地恳求回家。母亲有时候看起来神志完全不清楚，不顾一切地要回去；有时候闷闷不乐，半天不说一句话。母亲的衣服不怎么干净，能看到上面的污渍。养老院的员工们态度倒是很好，但是非常忙碌，凯伦觉得他们不会有那么多精力仔细照顾好每一位老人。而员工们告诉凯伦，她的母亲已经度过了最初的适应阶段，现在照料起来容易多了。

这一天，母亲又恳求凯伦带她回家，凯伦再也控制不住自己的感情了。她跟母亲解释了为什么把她送过来的原因，承认自己不是个好女儿，让母亲失望，也没法为她提供最好的照顾。脆弱而又无助的凯伦，放声痛哭。母亲就在边上，静静地看着她。

等凯伦的哭泣慢慢停止，母亲才开口说道：“宝贝女儿，我因为你而骄傲，你已经尽力了。”然后紧紧地抱住了她。凯伦忍不住又开始流泪，只是这次，更多的是释然和解脱。

这么多年过去了，在凯伦心中，母亲原谅自己的那一刻是一生中最难忘而又珍贵的记忆之一。

跟所爱的人一起经历的温暖时刻是如此宝贵。那一刻的亲昵永远留存在记忆中，回味悠长，抚慰我们的心灵。

婆婆多丽丝已经八十五岁高龄了，她经常告诉儿媳玛丽贝斯，她非常感谢她为自己所做的一切。

玛丽贝斯知道婆婆喜欢吃什么，总是专门做她爱吃的饭菜。出门购物，她也惦记着给婆婆买些东西。她帮婆婆把家里打扫得干干净净、整整齐齐，让她住起来更舒适。婆婆经常跟她道谢，看到她都满面笑容的。

一天，玛丽贝斯去食品店的时候，好朋友卓迪把她拉到一边，很气愤地告诉玛丽贝斯，其实她婆婆心里有诸多不满。这消息简直像一盆冷水，把玛丽贝斯泼了个透心凉。原来婆婆经常跟卓迪抱怨她太能干了，什么都懂，什么都会，事事包办，把她当个小孩一样。玛丽贝斯谢过卓迪，回到车里，哭了二十分钟。婆婆这样真是令玛丽贝斯火冒三丈，可是该怎么办呢？

那天晚上，玛丽贝斯情绪稳定下来之后，跟婆婆谈到白天的事情，她说卓迪已经把一切都告诉自己了。一开始，婆婆矢口否认。然后，她说玛丽贝斯有时候确实太能干了，不过倒不至于“什么都懂，什么都会”。在儿媳妇的追问下，最后她只得承认，玛丽贝斯并没有操控她的生活。婆婆给玛丽贝斯道了歉，然后解释说她最近情绪很低落，所以才会找人诉苦。其实她心里非常感谢玛丽贝斯为她做的一切。

玛丽贝斯告诉婆婆，她接受道歉，但是要想解开心里的疙瘩，还得过一段时间。玛丽贝斯仔细思考了婆婆的处境，她认为或许婆婆是因为嫉恨她年轻，身体也比较健康，而她自己却疾病缠身，不得不伸手求人，贬低别人或许能让她好受些。

这么一番分析过后，玛丽贝斯原谅了婆婆，她终于可以把婆婆带来的烦恼都抛诸脑后，坦然释怀了。

我们所照顾的人亦非完美，我们应该原谅他们的缺点，透过表象看真相，忘却别人带来的伤害和失望。

第十章

感恩

豁达大度，以德报怨，生命时时有感动。

——亨利 · B. 艾琳 (Henry B. Eyring)

使命感，成就感，和自己所照顾的人心心相印，这些都让看护者觉得喜悦和满足。和挚爱的人在一起的每一分，每一秒，我们都会很珍惜，很感恩。敞开心扉，我们发现原来自己是如此幸运，每一次付出也让我们收获许多。停下脚步，细细回想，值得我们感恩的，太多太多。

巴里手记

有时候，我会听到有些看护者抱怨，觉得自己付出了很多，可大家却不领情。

兄弟姐妹不愿帮忙，朋友们也指望不上，只好孤军奋战。让看护者们更加烦恼的是，自己照顾的亲人也把这一切看作是理所当然。这太不公平了，他们牺牲了那么多，在别人眼里却是微不足道的小事。的确，这很不公平。然而，我们并没有什么好办法能让照顾的亲人直接说出心中的感激之情。

自身的价值得不到重视我们会伤心、沮丧、失望，这会让看护工作变得更加困难。怨恨和无助的情绪油然而生，啃噬着我们坚持下去的毅力和决心。

不过，有一些看护者会从不同的视角看待同样的问题，他们觉得，照料别人本身就能丰富生命的内涵。他们认为，关心别人教会了他们更好地与家人相亲相爱。困难再也吓不倒他们，本来应付不了的困境，现在也不再畏惧。除此之外，还获得了人生的掌控感以及使命感，这是他们之前所没有的。

“我很感激上帝，在我的人生轨迹中给我安排了这样的挑战。”一位女性如此说道，她一直照顾患有阿尔茨海默病的父亲，“照顾父亲是我做过的最重要的事情，它改变了父亲的生活。哪怕再来一次，我还是会做同样的选择。”

是否能从照顾他人的经历中获得人生的价值和意义，是迷茫而不知所措，还是坚定而无怨无悔，决定了我们是否能够担当看护者这个角色。

巴里手记

只有饥肠辘辘过才会知道，即使最普通的食物也会如此甘美可口。

同理，只有经历过病痛，才知道无病无恙、身体健康是多么的幸福。我觉得自己很幸运，因为从来没得过什么严重的疾病，虚弱到得有人照顾的地步。继父摔倒的时候，是我把他从地板上扶起来；母亲上下楼，也是我背上背下，我的手臂仍然健壮有力，负重也毫不费力。照顾老人让我意识到身体健康的重要性。虽然年龄不饶人，幸运的是肌肉还没有萎缩，平衡能力和耐力也还不错。晚上把母亲安顿好上床休息之后，我会穿过门廊一路小跑到停车场，然后穿过停车场跑到我的车位，我得趁着还能动，多运动。

父母现在都老去了，但是他们也曾年轻过，也曾健康而又充满活力。照顾他们让我明白，再好的身体也有衰弱的一天，我也不例外。因此我会特别珍惜今天的健康，有了健康的体魄我才能帮助别人。

在照顾亲人的过程中，我们会发现感恩的方式有很多种。珍惜健康的体魄，这又何尝不是感恩呢？

父亲现在已经是阿尔茨海默病晚期，玛格丽特照顾着他。父亲经常一脸糊涂的模样，但是玛格丽特看到更多的是那个活泼快乐的傻老头。

这天，玛格丽特想让父亲在孙女的教会卡片上签个名，这个签名不需要很正式，跟手术之前签在重要文件上的那种落款可不太一样。“您就写‘爱你的爷爷’。”她跟父亲说。玛格丽特先让父亲在一块碎纸头上练习了一下，嗯，写得还不错。接着，父亲在卡片的底部颤颤巍巍地写下了细细的几个字“爱你的爷爷”。玛格丽特拍拍他的后背，非常满意。

让玛格丽特没想到的是，父亲还没有放下笔的意思。她弯下脖子，目光扫过父亲肩膀，落在卡片上。父亲正紧贴着那几个字在边上画星星，虽然粗糙了点，可那一颗星星就代表着爷爷给孙女的一个吻呢。玛格丽特自言自语道:“父亲一点都没变，还是那样。”

这个小插曲让玛格丽特想起，父亲曾经也是个非常有趣的人。她兴高采烈，忙不迭地打电话给丈夫和女儿，告诉他们这件趣事。后来她还跟同事聊起这件事。被疾病改变了的父亲，在那一刻仿佛又回来了。玛格丽特抬头仰望天空，星星从未如此明亮过。我们所爱的人，如同夜空中璀璨的星星一样光芒四射。

即使在最难挨的时刻，也要充满感激之心。它会扫落我们一身的疲惫，让我们重新斗志昂扬，勇敢地接受生命中的无奈。

跟其他高中生一样，凡妮莎迫不及待地想上大学。

但这个念头又让凡妮莎觉得惭愧。作为家里最大的孩子，也是唯一的女儿，她早早挑起了照顾母亲弗里达的重担。母亲患有多发性硬化症，看不清东西，凡妮莎就念书给她听；站都站不稳，就由凡妮莎打扫房间。家庭的责任压得她喘不过气来，只要能离开家去上大学，她就可以逃离这一切，像其他同龄人一样过无忧无虑的生活。

大学第一年的圣诞假期，凡妮莎对母亲又多了些认识。虽然母亲说话和行走明显更困难了，但就在同时母亲的很多优点却显露了出来。随着病情的加重，母亲的生活越来越困难，但她从不埋怨，相反，她非常关心女儿过得怎样，仔细耐心地听凡妮莎讲大学里的事情。以前凡妮莎干的活现在轮到两个弟弟做了，母亲对他们也不急不躁，有事要做的时候，她也只是轻声嘱咐。凡妮莎看到的母亲，从容大方，凡是自己能做的绝不麻烦他人，需要帮助时又不卑不亢。

凡妮莎离家求学，距离让她产生了感恩之心。母亲的痛苦激励着她将来成为一名护士，或从事医疗行业。母亲教会了她如何在逆境中淡然处之。人生漫长，凡妮莎决心要像母亲那样，遇到困境轻易不言弃。

曾经的负担也可能教会你人生的道理，激发更多想法和灵感。从所照顾的人那里我们可以学到很多，要心存感恩。

人人都说琼斯家的三个女儿，莱恩、莱塔娜和莱迪不单单名字听起来差不多，关系也好得像一个人似的。

随着父亲巴斯特和母亲蒂尼渐渐老去，他们越来越需要女儿们的照顾，三姐妹也越来越亲密。每周，莱恩和莱塔娜都要碰几次面，商议父亲的就诊安排。莱迪则负责款项支出，每次拿到账单后，她会和姐妹们商量先付哪一笔再付哪一笔。父亲是个好相处的人，但也有脾气不好的时候。每当父亲拒绝继续接受治疗时，三姐妹同心协力，轮番上阵劝说父亲。

她们也听说过不少家庭因为看护问题而争吵不休的，生气不说，还增加了亲人间的分歧和裂痕。她们很庆幸自家姐妹能相处得如此融洽。她们经常会相互交流，她们可以进行有效地沟通，她们互相尊重彼此的每一个决定。琼斯家的女儿们团结一心，她们很自豪，也很骄傲。姐妹们那么好，父母亲自然也跟着享福。就算有一天他们不在了，姐妹仨依然会珍惜这份宝贵的手足情谊。

家和万事兴。有了家庭和睦这个前提，看护工作更容易些，大家的生活也更富足。

茱莉亚手记

自从母亲去世之后，主要是由哥哥照料父亲，每隔两三周我都会去换次班，好让他休息休息。

周末我陪父亲一起去购买食材，买回来做好，这样就不用担心他下一周的伙食问题。头发长了带他去剪，还要把洗衣店的衣物取回来。上午，我们就在外面处理这些杂事，到了中午就顺便去饭店把午餐也解决了。需要带父亲看医生时，我会周五提前过去，或者等周一再回来。

哥哥偶尔会在周末的时候和我们一起共进晚餐。能有点自己的休息时间他很高兴，但他也很乐意一家三口一起吃顿饭，我的住处离这儿有几个小时的车程，聚在一起着实不容易。我们仨会找家不错的饭店，气氛好得像过节一样，父亲也格外开心。虽然没什么特别值得庆祝的喜事，碰杯的时候父亲却总是难掩喜悦之情，父子仨能坐下来好好吃顿饭，他就很心满意足了。

几年过去了，现在每当回忆起那段日子，即便当时我们因为母亲的离开而悲恸，但我仍心怀感恩。陪伴父亲的时光，也让我有更多机会和哥哥在一起，真是意想不到的惊喜。失之东隅，收之桑榆。于我而言，这些美好的记忆实在是太重要了。

学会感恩，每一天，每一时，每一刻，都能看见幸福。

第十一章

悲痛

泪水里饱含着神圣。泪水不是懦弱，而是力量。千言万语抵不过一滴眼泪。它传递出痛彻心扉的悲痛，无边无际的悔恨和难以言说的爱。

——华盛顿 · 欧文（Washington Irving）

悲痛，令人心如刀绞，却也是生命给予我们的馈赠。悲痛让人领悟到，我们对未来有如此强烈的爱、渴望和惧怕。因为悲痛，我们必须正视所失去的一切，无论是病痛还是亲人的离去；因为悲痛，我们对别人抱有更多的同理心；因为悲痛，我们更深刻地领悟生命的意义；因为悲痛，我们有更大的勇气面对未来。悲痛来了，我们不能逃也不能躲，必须正视它。用心感受悲伤，待新的一天到来，太阳依旧升起，你会对生命更加感恩。

茱莉亚手记

我的思绪又回到母亲去世的那一天，一切是如此真实，我好像就站在重症监护室里，紧紧地握着她的手。

我仿佛还听到了机器运转的声音和远处传来的护士说话的声音，我仿佛又看到了布帘子、医疗仪器、监控设备上闪烁的信号灯，还有刺眼的灯光。母亲躺在病床上，身上到处都是管子和导线，一息尚存。

不久前，母亲成功地接受了心脏瓣膜置换。我和其他兄弟姐妹终于松了口气，接下来的两天我们简直欣喜若狂，母亲可以活下来了。可不幸的是，各种并发症接踵而来，我们又陷入了绝望。医生尽了全力，还是挽救不了母亲。拔管之前，我们轮流进去和她待了一会儿，说了说话，和母亲作最后的告别。然后，我们都围拢在母亲身旁，看着她呼吸慢慢衰弱。我和妹妹站在床两侧，分别握住母亲的手，兄弟们站在我们身旁，父亲在床尾。

我们拥抱着对方放声哭泣，任由眼泪流淌，诉说心中的悲伤，回忆和母亲一起的幸福时光。时间分分秒秒地流逝，母亲肿胀的手在我的手心里慢慢变冷。我只能在心里祈祷，希望母亲在另外一个世界也能知道，她永远在我们的心中，从未离开。

悲痛是如此刻骨铭心，撕心裂肺般让人不能自已。和亲人或朋友共同面对悲伤，痛苦也会少几分。这就是人生，苦涩方能衬托甜蜜，没有体验过悲伤的人，怎会知道爱和被爱的幸福？

医生无奈地告知家属，弗里达的病情看起来很不乐观。

医生说肺部的癌细胞已经扩散到了大脑。化疗不仅没有起作用，反而给病人带来了更多痛苦。罗伦和弟弟乔恩听着心里非常难过。他们不愿意看到母亲受一点点痛楚。母亲的病情还会恶化，目前当务之急就是要让母亲尽量舒适。

趁着母亲睡着了，俩人出了病房，在医院里散步。他们找了一张长凳子坐下来，商量下一步怎么办。送到临终安养院？罗伦看着乔恩，忍不住哭了起来。母亲还没到六十岁，就要这么离开了吗？确诊癌症之后的这两年，他们用尽了一切办法治疗，努力和死神赛跑，并让母亲保持乐观的心态。这段时间他们一直很乐观，直到今天得到这样的噩耗。

乔恩搂住姐姐。尽管母亲迟早都会离开，但是他们还是难以接受摆在面前的残酷事实。秋天的树叶，红色、黄色、棕色、橙色，绚烂多姿，色彩斑斓，随着风落到地上，他们默不作声地就这么看着，坐了一会儿。一阵风吹过，裹挟着一片亮橙色的枫树叶，落在罗伦身边。她捡了起来，仔细端详。她知道，他们姐弟俩还有其他的家人以及朋友们一定会互相支持。她也知道，无论多久，只要想起母亲，心里总有个角落会痛。

悲伤，漫长而又痛苦，应对自己的悲伤也好，帮助别人振作也罢，我们都需要足够的耐心和同理心。

塔娅简直不敢相信，眼前的这个女人是自己的母亲。

原来母亲活泼开朗，现在却眼神呆滞；原来她谈笑风生，现在却沉默不语。塔娅很爱自己的母亲薇芙，母女俩从来没红过脸。母亲优雅自信、风趣幽默，是她心中的偶像。塔娅对母亲的爱没有丝毫改变，可是她觉得，沙发上坐着的这个人只是长得跟母亲一样而已。

塔娅上网查了些资料，也从宣传册上了解到一些信息，阿尔茨海默病确实会给患者带来这样的变化。母亲从确诊患病到现在差不多六年了，几个月前医生告诉塔娅，她母亲现在已经发展到阿尔茨海默病晚期了。塔娅很难接受这个事实。养老院里，塔娅坐在母亲身旁，握着她的手，心里还是止不住地怀念原来的母亲。无论是和丈夫还是和朋友们一起，事实上，只要塔娅醒着的时候，没有一分一秒不在怀念原来的母亲。

母亲的健康状况越来越差，塔娅心中的悲伤越来越深。与此同时，她对母亲的感激之情也越来越深。塔娅清楚记得和母亲的每一次重要谈话；那些有趣的闲言碎语，也深深印刻在塔娅的脑海里。塔娅很喜欢给她十几岁的孩子们讲外祖母的故事。母亲的音容笑貌，将永远留存在她的心中。

塔娅转过头，对坐在身边的母亲说："我爱你。"握紧母亲的双手，塔娅知道，无论是以前，现在，还是将来，她对母亲的爱永远都不会褪色。

照顾患有进行性疾病的亲人，失望和哀叹在所难免。悲伤能让我们为将来做好充分的准备，同时唤醒美好的回忆。

茱莉亚手记

父亲房间传来厚重的线装书被摔进垃圾桶的声音，听到这声音，我感觉精神已经到了崩溃的边缘。

这几天，我们一直忙着给父亲搬家。父亲母亲在那幢老房子住了四十多年，一年前母亲去世了，我们就打算让父亲搬到公寓房里去。整理、打包，可把我们几个兄弟姐妹累坏了，每个人都得往自己家里搬东西，眼看都要放不下了，可是大家又舍不得丢。书架上堆满了父亲的线装书，其实也没什么用。我们把父亲的书房称为图书馆，但没人愿意把这些过时的皮质线装书拿回家。明天，卡车就要来把垃圾桶拖走了，所以我们只好把这些书全扔进去。

我想出门透透气，于是沿着街往前走，一直走到海边，然后到了码头。我找了个地方坐下来，环顾四周，看着蓝色的大海、海面上的浮标、三三两两的船只，还有远处的海岸。我在这个小镇长大，一直住在那幢房子里，里面都是父母的东西。母亲去世了，父亲也患了重病。但我实在无法接受把房子里父母的东西都清掉。坐在海边，我恍然大悟，其实我真正无法接受的是失去父亲和母亲。物件不单纯是物件，它们承载了太多的情感和记忆。变了的东西，就再也回不去了。

待情绪平复，我又回到了儿时的家。收拾整理，最后看着空荡荡的房子该是多么痛苦的事情。也正是痛苦才让我想起过去，提醒我正视眼前的事实：走了的，回不来。

几年过去了，大部分从老房子拿回来的东西我都好好保存着。看到它们，我会想起父母，虽然心头会涌起阵阵的悲伤，却也能感觉到自己对他们深深的爱和眷恋。

悲痛是伤心和爱的奇妙混合。用心地、仔细地感受悲伤，它带来了痛，也唤起了心中的爱。

管知道布莱特嗜酒如命，林赛还是答应了他的求婚。

那时候他们才二十几岁，林赛认为布莱特一定会慢慢成熟，改变灯红酒绿的生活方式。而且，目前来看，一切还不错。布莱特有抱负，也努力工作，建筑公司的生意蒸蒸日上。林赛设想未来的生活会非常幸福——挣钱，买幢房子，有自己的孩子，全家一起旅行。

天有不测风云。这天，布莱特看完垒球比赛后，喝了点酒，开车回家的时候撞到了树上。那年他才二十九岁。布莱特的头部穿过挡风玻璃，巨大的撞击造成了严重的创伤性脑损伤，经过几个月的康复之后，他仍旧头脑迟钝，说话含糊不清，身体也无法平衡。建筑行当是没法再干下去了，布莱特只好卖掉了公司。夫妻俩的美梦化为了泡影。

林赛对丈夫一肚子的气，同时也深深懊恼，后悔自己没有把丈夫管紧一点，虽然这可能于事无补。每每看到布莱特挣扎着用两根拐棍走路，或是口齿不清地说话时，她心里更加难过。最让她心痛的是，美好的生活原本指日可待，现在却成了黄粱美梦一场空。丈夫没法像以前一样挣钱了，以后只能靠自己了。买房子听起来像个笑话，更别谈生孩子了。

面对眼前的困难，她不得不放弃对于未来的美好憧憬。她逼着自己不要老想着“要是……，就好了”这样的假设。“现状就是这样。”林赛对自己说道。布莱特有时候还像以前一样，傻傻的，引得她开怀大笑。他也还是那么英俊，虽然动作不如以前那么敏捷。他依旧认真听她说话，努力地去理解她。而林赛，也依然愿意陪伴他。他们的未来与之前的憧憬或许大相径庭，但是林赛相信，一切都会好起来的。

放弃美好的憧憬，让我们更好地接受和面对意想不到的突发状况。我们应该接受现状，积极适应现状，同时脚踏实地，重新树立切合实际的目标。

布里特妮害怕极了，母亲癌细胞已经扩散到了肝部。

能用的疗法都用上了，可不幸还是发生了。布里特妮从小就很依恋母亲珍妮，她担心母亲一旦离开，她也活不下去。她离不开母亲，无法想象没有母亲的生活。布里特妮经常半夜哭醒，整日活在担心和害怕中。

一天，布里特妮坐在母亲身旁，终于抑制不住吐露了自己的想法。布里特妮一边说一边止不住地流下眼泪，而母亲就微笑着看着她。积在心中多时的恐惧和担心，此刻终于一吐为快。待她说完，母亲回答道："我知道你害怕，布里特妮。但我也知道我的女儿很勇敢，她能认清自己的恐惧，不怕面对它。我迟早是要离开的，你也会很思念我，可是你要记得，妈妈其实一直在你身边。妈妈的想法、态度还有情感，你做女儿的最清楚不过了。你看，有时候我的想法不用说出来你都知道。那么你一定明白，妈妈最爱的、最牵挂的就是你。我的这份爱一直在你心里面。总有那么一天，你会把这份爱跟你的孩子分享。"

几个月后，母亲去世了。悲恸不已的布里特妮经常会想起母亲跟她说的那番话，她决心不让母亲失望。布里特妮记得妈妈的教导，学着同理和宽容，直面自己的恐惧。悲伤令她痛彻心扉，但是妈妈的话就像一盏明灯，指引她渡过难关。

悲痛，无论深浅，总能教会我们生活的智慧，让我们更好地理解别人，并赋予自己力量和勇气。所爱的人离去了，但我们内心永远铭记他们的教诲。

第十二章

内疚

孤单、嫉妒和负罪感，这些消极的情绪对我们的生活有着特别的意义。它们如同闪烁的信号灯，提醒我们是时候做出改变了。

——格雷琴·鲁宾（Gretchen Rubin）

我们都不曾完美。我们会有失去耐心、情绪失控的时候；我们也会因为各种原因无法兑现自己的诺言;无论我们如何小心，还是会有意外发生；我们会失望和沮丧。照料亲人对我们来说有着特别的意义，我们常常会因为没有做好而感到愧疚，饱受煎熬。要知道，负疚感是在所难免的。我们应该多想想自己付出的辛苦，原谅自己的过错，再努力做得更好。

丈夫下肢不便，只能坐在轮椅上，照顾丈夫的格伦达老是觉得自己做得不够好。

这一天，丈夫的要求特别多，这也不行那也不是，格伦达忍无可忍冲他嚷嚷起来，声音很大，而且嚷了很久。丈夫很生气，看起来很委屈，自己摇着轮椅走开了。格伦达突然感觉自己很差劲，自己只会让丈夫更难过。她一下子慌了神，呆立在那儿，不知道该怎么跟丈夫道歉。

几天过去了，这一幕仍旧时不时在格伦达的脑海里浮现，她感觉丈夫痛苦的根源不是那场让他脊髓受损的车祸，而是自己。丈夫出事后，格伦达对他一直体贴入微，处处关爱，可她这一嚷嚷几乎抵消了所有的功劳。这件事一直堵在她心头，好像在提醒格伦达，这可不是什么小差错，或许她本来就是个不称职的妻子。

为什么她会如此内疚？其实很多看护者遇到困难或心里受挫时，都会忍不住大声嚷嚷。如果我们问问格伦达，丈夫出事前，她是不是也冲他嚷嚷过？她多半会不假思索地回答“是的”。但现在情况不同了，大喊大叫的对象是我们要好好照顾的，心理上本来就脆弱无助的亲人。这时候，我们常常会陷入自责。我们希望自己是个永不犯错的完美看护者，而忘了自己其实只是个要尽力做到最好的普通人而已。犯错之后，我们首先要勇于承认自己的错误。一句诚恳的“抱歉”，无论早晚，都能够挽回一部分伤害。即使关系没有得到改善，至少我们自己心里也会踏实好过许多。

格伦达应该多想想她对丈夫无微不至的关怀，合理地评判自己，而不应该因为一件不开心的小事就以偏概全，抹杀自己的所有功劳。与人为善，也要与己为善。

内疚不仅没法帮我们做得更好，还会让我们更痛苦。一味地苛责和惩罚自己，对我们所照顾的亲人也很不利。我们应该扔掉心理的负担，振作精神，重拾信心。

巴里手记

看护者难免有出差错的时候，我们所照顾的人也会犯错。

为了让母亲高兴，我决定陪她去听古典音乐会，她最喜欢听音乐会了。去之前，我觉得不用带助行器，因为演出大厅里的走道非常窄，用助行器反而走不开。于是，母亲就只能一边拄着拐杖，一边撑着我的胳膊走到座位上。演出棒极了，乐团指挥极富感染力，弦乐演奏也酣畅淋漓。可就在我们走出大厅的时候，意外发生了，母亲脚一滑，我又没有抓牢，她摔倒在地上，造成尾骨骨折。接下来的几个星期母亲都得躺在床上，忍受疼痛的折磨。

我的第一反应就是悔恨：如果不去听音乐会，不冒不必要的风险，一切都不会发生。紧接着是愤怒：我怎么能那么不小心？最后下定决心：以后只要是我照看，绝不能让母亲再摔倒。

母亲觉得我有点小题大做。她一直很想去听音乐会，而且只带拐杖，这都是提前跟她商量好她同意了的。她懊恼的是自己的身体怎么就突然失去了平衡，丝毫没有怪我没抓紧她。母亲认为我完全不用这么大惊小怪，反倒觉得为了她好而去避免危险，其实就是限制她的活动。这也不行，那也不行，那活着还有什么乐趣呢？

事情过去一年了，我仍然小心翼翼地看护着母亲，生怕再出个差池。我尽量在保证安全的同时让母亲自由地活动。我们小心谨慎，出门的时候都带着助行器，可是她还是会摔倒，在家用助行器也会摔倒。每次摔倒，母亲和我都提心吊胆的，就怕又摔伤了哪儿。不过，我的负罪感慢慢消失了，转而变成一种无奈：有些事情真是我们奈何不了的，只能随它去了。

认为自己必须为发生的事情负责，这是内疚感的来源。但实际上，有些事是人力可控的，而有些事根本就是不可抗事件。

埃莉诺连着四个晚上夜不能寐了，最终她决定，实在不能再让七十五岁的老父亲待在家里由她照顾了。

父亲的慢性阻塞性肺病非常严重，已经二十四小时离不开氧气罐了。即使这样，他还是会经常觉得气短。大口喘息过后，父亲的脸色发青，然后就会昏迷过去。过去的半年，埃莉诺不知道叫了多少次救护车，以至于现在她耳朵里经常会幻听到救护车尖利的喇叭声，眼前浮现的都是孩子们惊恐的表情，他们以为外公不行了。埃莉诺心疼地看着父亲，肯定是不能再住在家里了，他需要更专业的看护。

埃莉诺满心期盼着父亲可以理解自己的决定，可是一到医院，这个希望就破灭了。还没等埃莉诺把话仔细说完，刚提起养老院的事情父亲就开始抗议。因为喘不过气来，他很快安静了下来。父亲倔强地把头转过去，故意不看她。那天晚上，埃莉诺回到家禁不住泣不成声。

埃莉诺一方面心里觉得很愧疚，一方面又很害怕父亲在家的话会因窒息而离世。把父亲送到专门的机构，让护士定时察看他的情况，这个念头有什么错吗？父亲会不会永远都不原谅她？这几个月他一直在生气。埃莉诺觉得真是太煎熬了，度日如年。

埃莉诺告诉自己，她很爱父亲，因此必须去做对他有利以及对自己的家庭有利的事情，即使父亲强烈反对，她也在所不惜。哪怕父亲一直不跟她讲话，一直不看她，她也得把他送到更安全的地方，在那儿陪伴他。埃莉诺会尽自己最大的努力让他过得舒心。换个方法解决问题，换个地方给父亲养老，埃莉诺仍旧是父亲的好女儿。

愧疚会让我们一直惴惴不安。即便如此，也得综合考虑多方面因素，做出的决定应该尽量实现多方利益的最大化。爱和守护，不应拘泥于一种方式。

最近一段时间，只要出去玩，阿比盖尔心里都会觉得歉疚。

怎么还有心情把脚指甲涂成宝石绿？有那么多手包了，干吗还花钱再买个新的银色手包？从家带饭去单位不好吗，干吗跟同事去新潮的餐厅吃饭？

阿比盖尔的母亲经济比较拮据，这是她愧疚的根源。虽然母亲省吃俭用，精打细算，积蓄还是在慢慢减少，光靠社保基金日子很难维系。这其实并不是阿比盖尔的过错，她自己挣钱也不容易，但每当大手大脚花钱的时候，想到母亲过得如此俭省，阿比盖尔就觉得内疚。

不过现在阿比盖尔感觉好多了。虽然她的收入并不很多，但现在她只要有富余的钱就会带着母亲一起出去消费。比如做指甲、出去吃饭都是阿比盖尔埋单。最最重要的是，即使现在把钱花在自己身上，她也不再内疚了。

一边是亲人艰难度日，一边是自己享受人生，我们往往很难接受这样的状态。采取折中的办法，这样既能照顾好亲人，也不会亏待自己。

玛姬和布伦特的儿子皮迪今年二十五岁了。有一天，社工跟他们夫妇谈起有那么个机会，可以让皮迪住到社区之家，同其他有智力障碍的人住在一起，俩人当场就拒绝了。

皮迪是他们的儿子，这里就是他的家，玛姬和布伦特这么答道。皮迪四十岁的时候，神经科医生再次强烈建议夫妇俩把皮迪送过去，他们还是拒绝了。他们认为皮迪跟陌生人在一起一定很不自在，况且，难道有人会比他们更无微不至地照顾皮迪吗？一想到把儿子送到别处，夫妇俩的愧疚之情就会油然而生，那种感觉就好像他们已经抛弃了皮迪似的。

现在皮迪五十三岁了，玛姬和布伦特也年近八十。他们心里矛盾极了：送到社区之家吧，他们过不了自己心里那道坎儿，可留在家里的话，今后谁来照顾皮迪呢？

他们听说社会福利部门有个项目，凡是像他们这样无力照顾有智力障碍的家人的，都可以获得帮助。病例管理人员告诉他们，可以让皮迪先住一个月，看看什么情况再做决定。

忐忑不安又满心内疚的玛姬和布伦特，勉为其难地把皮迪送了过去。刚到一个新的环境，皮迪有点搞不清楚状况，闷闷不乐的样子。但是一周下来，他已经能加入到日常有组织的活动中去了，而且心情也好了很多。玛姬和布伦特悬着的心，这才终于放了下来。

最后决定让儿子住到社区之家，老夫妇都挺难过，他们舍不得儿子，但是为了皮迪的安全和以后考虑，他们确信自己做的选择是正确的。几个月后，皮迪完全融入了新的群体，每到周末他都会回去看望父母。一切都安排妥当，曾经困扰玛姬和布伦特几十年的愧疚心理现在终于烟消云散了。

没有必要的愧疚心理，有时候可能会打乱我们的思路，让我们无法做出理智的决定。

明媚的春日，乔治只想骑着摩托车出去兜风。

骑友们发短信给乔治，怂恿他出来。乔治回复说有点不舒服，背疼。朋友们开始调侃他，让他赶紧出门。他们隐约觉得，乔治压根没有不舒服，而事实也确实如此。扯谎骗过朋友们，这可不是头一回了。

乔治的妻子凯莉患有偏头痛，黑暗中，凯莉正躺在床上痛苦地呻吟。乔治很难过，心里愁肠百结。能看的医生都看了，能试的办法都试了，可都没用。每次凯莉发病的时候，都一个人躲在安静的房间。乔治不想打扰她，又不忍离开，更不能出门只顾自己开心。他只好待在家里，做点家务活。要不他还能做什么呢?

凯莉走出卧室，她看见乔治坐在餐桌旁，一副愁眉不展的样子。凯莉头没那么痛了，她问乔治怎么了，她觉得哪里有些不对劲。在凯莉的劝说下，乔治坦白了一切：他很想出去兜兜风，但这样他自己心里会觉得对不起凯莉。凯莉紧紧地抱住丈夫，想让乔治知道，她心里有多么感激他如此体贴。说了一会儿话，夫妻俩都觉得他们需要更深的交流。有时候，凯莉的确需要乔治陪在身边；而有些时候，即使偏头痛犯了，凯莉也不介意乔治出去和朋友们一起兜风。

因为愧疚，我们会犹疑不决，该不该告诉所爱的人自己的真实想法呢？敞开心扉，我们能够更好地理解对方的需求，做出更符合实际情况的决定。

第十三章

无助感

每个人的内心都有一个向导，它的指引比任何其他人领的路都要好。

——简·奥斯汀（Jane Austen）

困难当前，看护者和被看护者总有不知如何应对的时候。我们的亲人，出于病痛向我们寻求慰藉，希冀能有所补偿。而我们不仅需要专业看护、医疗专家的帮助，还需要亲人的配合才能确保他们渡过难关。分歧、抗拒、无法预料的突发事件常常会带给我们挫败感和无助感。我们需要充分利用耐心和同理心，接受现实，更好地面对消极情绪，才能携手共进，稳步向前。

特尼莎听到丈夫开门的声音，心情马上晴转多云。

艾文每个星期都去父母那儿几次，帮他们整理房间，顺带修理一下屋子里坏了的东西。自打给父母帮忙之后，每次艾文回到家都一副无精打采、焦躁不安的样子。父亲不喜欢他去帮忙，总是找碴儿跟他吵架。母亲呢，虽然态度好一些，却经常抱怨儿子，嫌他没有把客厅的书橱打扫干净，或者院子前面的灌木丛修剪得不够整齐。艾文很乐意帮助父母，可他们不但不感激，还不配合，艾文觉得很泄气。原本他以为照顾父母一定是件开心的事情，可谁知结果那么让人痛苦。

特尼莎知道丈夫因为无法改变父母而感到深深的无力。而她呢，又因为无法改变自己的丈夫而觉得无助。每当她提出要帮点忙的时候，艾文总是拒绝，理由是照顾父母是自己义不容辞的责任，不应该拖累别人。可在特尼莎看来，丈夫的痛苦烦躁对她来说也是种负担啊。于是，她未经丈夫的同意，私自行动起来。

一天中午，特尼莎带着吸尘器、拖把，还有其他清理工具兴冲冲地去了公公婆婆家，嫂嫂弟媳们看到她着实吃了一惊。大家高兴极了，一块喝咖啡，聊了一会儿。接着，特尼莎卷起袖子大干了一场，忙乎了几个小时。她把厨房用品和卫生间的洁具打扫得光洁明亮，把厨房地板擦得一尘不染，然后又把整个屋子用吸尘器清扫了一遍，直到毛絮、积尘和蜘蛛网全都不见踪影。这下可把其他人乐坏了。

回到家，特尼莎把今天做的事情分毫不差地告诉了艾文。一开始，他还一副委屈的样子，觉得好像被别人看了笑话一样。不过很快他就明白了妻子的苦心和宽容。艾文非常感激特尼莎帮父母做打扫房间这样辛苦的活。妻子的关心就是对他最大的帮助。

意志再坚定的看护者也会时常感到受挫和无助。你可以直接伸出援手，不必等到他们点头许可。

杰弗里想尽一切办法让母亲高兴，可是母亲总是觉得他做得不尽如人意。

母亲要么嫌食物太烫，要么嫌太凉，或者干脆说不喜欢。床铺得不好，衣服拿错了，买的东西不是她想要的牌子，总之，哪哪儿都有问题。杰弗里每次去母亲那里都战战兢兢的，他觉得自己马上要得焦虑症了。杰弗里只好练习深呼吸，然后告诉自己，困难一定会过去的。

这天，杰弗里给母亲铺床，她又开始挑三拣四。杰弗里突然明白过来：母亲其实比自己还要无助，因为她事事都得喊人帮忙。于是，他让母亲坐在床边，看着自己铺床，有什么要求就直接提出来。最开始，母亲没把杰弗里的建议当回事，她觉得儿子根本不懂自己的需求。杰弗里只好耐心地等待母亲改变主意。后来，再收拾床铺的时候，母亲告诉杰弗里，她喜欢边角都折进去，床单和毯子往里叠。这明明跟杰弗里平时铺床的方式一样，可他什么也不说，就按母亲说的做。中午做饭的时候，杰弗里也让母亲自主选择，想吃什么，具体怎么烹饪，都由她决定。去买东西之前，杰弗里和母亲一起写了张购物清单，列出她喜欢的牌子。

母亲依然会不满意，但是自从有了日常生活的选择权和决定权之后，她的抱怨明显少多了。现在杰弗里和母亲之间的对话也变得轻松愉快了。他不会再像以前那样战战兢兢了。设身处地为母亲着想，试着体会她的感受，杰弗里终于找到了让母亲不再那么无助的办法。这也帮助了他自己。

透过所爱的人的怒火和挑衅，我们看到的真相是无奈。调动同理心，我们才能更好地帮助他们，帮助自己，不再绝望和无助。

巴里手记

要想做一名合格的家庭看护者，首先得合理规划好时间。但是，再周密的计划也有出故障的时候。

繁忙的星期二，上午十点钟，我接到家庭护理员的电话，因为车子突发故障，她今天去不了母亲那里。我急得像热锅上的蚂蚁。本来约好下午一点去看首诊医生，这下谁带母亲去呢？我的工作日程表排满了病人，肯定是走不开的。万般无奈，我只好打给家庭护理中心请求帮助。那边的负责人答应，中午之前一定会再派一个护理员过去，我心中的石头才算落下来。

可后来那位替班的护理员打电话告诉我，她十二点四十五才能赶到，预约好的医生看不了了。她还说，母亲的嗓子有点痛。最后，她还问我知不知道厨房的水龙头坏了，正往外喷水。

晕头转向的我只好活动活动肩膀，放松一下。我知道，那个家庭护理机构并不完善，还存在一些问题，母亲和我现在只能勉强对付。事已至此，我又能如何呢？我只能调整调整心态，采取合理的应对措施。比如重新预约医生，请水管工上门修理，下班后去母亲的住处给她吃点药。实在不行，还得换一个更靠谱的家庭护理。明天会好起来的，我的能力毕竟有限，只能随机应变了。

灵活巧妙、富有创造性地解决问题，我们才不会觉得无助。持久的照顾离不开良好的初衷和合理的计划，更离不开灵活性和机动性。

跟两个姐姐不同，伊内兹没有孩子，虽然上班的地方很远，但空闲时间比较多，所以她想更多地照顾父母。

伊内兹的长姐乔安是名律师，她负责了父母一切经济事宜，也是他们的遗嘱执行人。而卡萝尔呢，尽管有三个孩子，还得全职工作，仍旧承担了给父母做饭、买东西、打扫卫生的任务。伊内兹很想陪伴住院的父亲，做好和医生护士的沟通工作，以便父亲不在家的时候，她还可以陪陪母亲。

可是两个姐姐似乎认为她的情感过于脆弱。她们觉得，要是伊内兹知道了父亲的状况和医生的诊断，肯定会焦虑不安、牵肠挂肚的。要是伊内兹向母亲诉苦，那可如何是好？

她们的想法真是大错特错。待在一边袖手旁观才会让伊内兹觉得自己没什么本事，说话也没什么分量。伊内兹想像姐姐们那样，能帮上忙。伊内兹不怕吃苦。她不想成为一个对家庭没有贡献的人，更不想别人为她操心。

于是，伊内兹每天都去家里探望母亲，去医院看望父亲。她和医生沟通，查阅资料，了解父亲癌症的疗法、康复概率，以及预后诊断情况。她定期把自己了解到的资料反馈给姐姐们。

姐姐们也没闲着，她们仍旧去看望父母亲，做好自己的分内事，不过不用再频繁地往返于家和医院之间，她们的压力小多了。

她们很感激伊内兹所做的一切，对她的看法也大为改观。小妹妹已经长大了，不再需要姐姐们的照看和保护了。伊内兹的心愿达成了，帮忙照料父母也使她跟姐姐们的关系有所改善，这对她来说很重要。困难和挑战给了她成长的机会。

有心照顾所爱的人，结果却只能袖手旁观，多么让人无奈。我们应该找准自己的定位，承担角色，从长远来看这么做益处良多。

玛丽拿起电话，里面传来啜泣的声音。

那是她最好的朋友菲欧娜，她们俩是几十年的挚友，情同姐妹，每天都聊天，所以玛丽立刻反应过来怎么回事了。菲欧娜的丈夫比尔患有阿尔茨海默病，她一定是因为这个烦恼。当时医生的诊断一出来，菲欧娜的美好希望和憧憬都化成了泡影。玛丽之前已经无数次听到菲欧娜诉说她的悲伤、难过、气愤和对比尔的爱。

好不容易平静下来，菲欧娜告诉玛丽，她洗澡前后不过五分钟，比尔就自己走出家门，不见踪影了。她赶紧穿好衣服，开车四处寻找，可是半个小时过去了，一点线索都没有，最后菲欧娜只能报警。一个小时过后，他们终于找到了比尔，他正坐在邻居家的后院里惬意地晒太阳。还好丈夫没什么事。

可这对菲欧娜的伤害太大了。寻找比尔的这一个半小时里，她把最坏的结果都想到了。菲欧娜担心自己情绪失控会吓到比尔，只好隐忍下来，然后趁着他休息的时间打电话给玛丽，把自己的想法一股脑地倒了出来。

同往常一样，玛丽耐心地听她诉说，理解她，还对她的勇气和坚持表示赞赏。等菲欧娜平静下来，俩人又聊了些其他事情。菲欧娜问了问玛丽的情况，然后说了些玩笑话，这种互相理解的感觉真是太好了。能有这样彼此关爱的朋友是多么幸运啊。

绝望而无助的时候，一个理解你、信赖你、关心你的朋友能够帮助你缓解焦虑，恢复活力。

第十四章

谦 卑

那些有深刻洞见，能够意识到自身局限性的人，才能臻于至善。

——约翰·沃夫尔冈·冯·歌德（Johann Wolfgang von Goethe）

纵然是足智多谋的人类，也会觉察到自己的卑微。放眼望去，苍穹浩瀚，自然瑰丽，万物经历生、死与重生的循环，我们生活于斯，感受创伤、疼痛，接受苦难，遵循自然的规律，怎会不觉得渺小？我们心存敬畏，意识到我们只不过是这无边无垠、充满神秘的世界中的一粒沙。这样的觉醒是如此珍贵，它为我们打开了一扇窗户，让我们看到超越人类的宏大力量，为之感叹。

四十年了，宝拉深爱着自己的丈夫，决心陪伴他度过余生。

自从丈夫患上帕金森病和轻微的阿尔茨海默病之后，宝拉疲惫不堪或心情沮丧的时候就会冲丈夫发火。宝拉的语气会变得非常生硬，“在轮椅上坐好，把背挺直”“请你别把食物弄到衣服上”，听起来就像一个母亲在奚落和责备小孩子。宝拉也不想这样，其实她知道怎么说话丈夫才会觉得舒坦。只是她控制不了自己，每每数落完之后，看到丈夫受伤的眼神，她又生自己的气。

不久前，两个孙女来家里玩，她们一个六岁，一个八岁。那天丈夫表现得特别有风度，这让宝拉大为触动。孩子们一进门，立刻冲过来拥抱爷爷。而坐在轮椅里的丈夫面带微笑，显得特别挺拔。宝拉在厨房里准备午饭，无意中听到三个人在客厅里的谈话。他和孩子们在一起幽默风趣地讲着家里过去的事情，他那天说的话比过去几个月的加起来都要多。用餐的时候也很得体，一点食物都没有浪费。两个小孙女仿佛把爷爷送进了时空穿梭器，他又恢复了患病以前的样子。

那天下午，宝拉琢磨着丈夫的变化，觉得自己该虚心学习了。虽然她恪尽职守地照顾丈夫，但实际上却是孙女们简单至纯的爱让他呈现出了最好的状态。宝拉意识到，或许照料丈夫更好的方式是用爱来接纳他，而不应该逼迫他去做在自己看来正确的事情。

照顾亲人时，我们都希望自己能掌控局面，说一不二。然而只有时刻保持谦卑的心，我们才能学到更多，才能更好地适应和改变。

几年前，伊莲娜搬去和父母住，以便好好照顾他们。那时她五十四岁，很有自信，觉得这件事情根本难不倒她。

想熬夜或者偷懒不锻炼？没门儿。伊莲娜总有办法甜言蜜语地把父亲哄骗起来，让他乖乖地去健身房。至于母亲，饮食必须有规律，没胃口的时候只要伊莲娜出面，她一定能好好把饭吃完。家里的一切都井井有条，那个节奏就像上了发条的钟一样准确。父母的医生和邻居都说，自从伊莲娜搬来之后，他们得到了更好的照料。

可是后来发生的事情让钟摆停止了晃动。一天，伊莲娜提了满满一筐叠好的衣服从地下室往上走的时候，不小心摔倒在台阶上，右腿受伤了。腿上打了厚厚的石膏，她几乎没法走路，也没法开车。因为把父母照顾得妥妥帖帖，伊莲娜正沾沾自喜呢，这下好了，只能躺在床上等别人照顾自己，真让她又羞又恼。

可苦恼万分的伊莲娜惊讶地发现，父亲和母亲完全应付得来，而且做得还不赖：拐杖就放在她随手能够到的地方，止疼药也备好了。母亲能自己做些简单的餐食，虽然几个月下来他们吃得最多的是三明治。父亲呢，睡得确实比以前晚了一些，但他坚持每天在卧室做体操，并且照顾女儿跑前跑后的也算是额外的运动嘛。让伊莲娜非常吃惊的是，父母亲似乎更快乐了。

待伊莲娜身体康复能自己走动之后，她好像换了个人似的，变得谦虚了，并且很尊重父母的意见。亲身体验了被别人照顾的感觉后，她能更好地体恤父母的感受了。她尽量避免对父母的操控，而是让他们自己做力所能及的事情，照顾好自己，甚至照顾别人。

人的根本需求也包括帮助别人。无法帮助他人，我们会觉得自己很多余。细心的看护者应该刻意创造条件，给被照顾者提供回馈亲人的机会。

为了照顾母亲，查克搬回去跟她一起住。他本来打算帮母亲买买食物，带她去看医生，偶尔替她做做饭。

他本来想着搬家应该不会给自己的生活带来太大变化，比如还可以周四晚上打纸牌，和朋友一起去看篮球比赛，或者参加每周一次的酒吧猜谜游戏，还有那些临时起意的聚会什么的，应该不会受到影响。而且，搬去跟母亲住还能省下自己每个月的房租。

搬过去的第四天，母亲让查克开车带她去看急诊，他才意识到，现在的生活跟自己预期的好像不太一样啊。他得安排母亲吃药，做各种各样的杂事，上班时间还得陪她去看医生，这么多事情让查克应接不暇，晕头转向。他经常得待在家里陪母亲，纸牌、猜谜、和朋友们玩的时间统统都没有了。日子久了，查克心里难免怨恨。这该如何是好呢？

幸亏有个朋友开导他，查克才能换个角度看问题。照顾母亲有这么难，真是出乎查克的意料。他爱母亲，也愿意照料她。至于现在的情况如何处理，和朋友聊过几次后，查克制订了一个可持续的计划。

查克希望在照顾母亲的同时还能保留一部分游戏和社交活动时间。于是，每周有两个晚上他雇了专业看护照顾母亲。至于与工作的冲突，在单位实在走不开的时候，查克就请热心肠的亲戚帮忙送母亲去看医生。照料了母亲一段时间后，查克可不敢把这事再看成小菜一碟了。现在的他脚踏实地，不骄不躁，对生活充满了感恩。

想要照顾好他人，我们必须灵活机动，具有奉献精神，脚踏实地。看护者应该根据病人的需求调整计划和目标。

詹妮弗的父亲阿尔伯特，跟玛丽结婚才三年就中风了，身体变得很虚弱。

詹妮弗和她的兄弟大卫都很担心，继母玛丽或许不愿意承担照顾父亲的重担。兄妹俩现在有点拿不定主意。儿女们承担多少责任才合适呢？既不能越界插手太多，又不能让继母觉得照顾父亲理所当然是她的事情，真难啊。

父亲还没出院，兄妹俩就和玛丽见了面，商讨当前的情况。詹妮弗和大卫都有点紧张，因为玛丽一直没有把他们当作自己的儿女看待。毕竟，大家都不是小孩子了，玛丽的亲生儿女也都是成年人。只有在探望父亲或者家庭聚餐的时候，他们才能熟悉熟悉，可大家的工作生活非常繁忙，这样的机会并不多。

到了父亲那里，玛丽对他们的到来表示欢迎，不过笑得有些不自然。一番问候寒暄之后，玛丽表明了她的态度和立场。阿尔伯特是她的丈夫，而且她深爱着他，她愿意照顾阿尔伯特。至于怎么看护，大家也说了自己的想法。玛丽说，她一切都会遵循他们父亲的意志。如果姐弟俩能来帮忙，那最好不过，但是最后的决定权在她。她会尽力听取大家的建议，但如果他们的父亲无法做决定的话，那么一切事情都由她来掌管。詹妮弗和大卫很感激继母，也双双表示赞成。

父亲余生可能都会在轮椅上度过，兄妹俩本来担心玛丽会要求他们过来一起照顾，或者结束这段婚姻一走了之。结果真是出人意料，玛丽不仅没有这么做，还能兑现自己的承诺，她的决心和细心令人肃然起敬。会面之后，詹妮弗和大卫忍不住扪心自问，如果他们遇到了相同的困境会不会做出跟玛丽一样的选择。他们决心尽己所能，帮着照料父亲。

看到别人身上闪耀的人性光辉——全力以赴的奉献和坚韧不拔的决心，让我们觉察到自己的不足而心生敬畏。他们的言行举止感染着我们，鼓舞着我们，并引领着我们。

露希尔的父亲患有阿尔茨海默病，她每天都要过去照顾父亲。她对母亲钦佩极了。

个头不高、身材瘦小、说话轻声轻语，母亲艾斯特尔看起来和蔼可亲，但她内心却很坚定，温柔友善却又很有主见——她是外柔内刚的典型。母亲比家里其他人甚至专业看护做得都好：父亲烦躁不安的时候，只要她掷地有声的一句话就能让父亲冷静下来；父亲逆反抗拒的时候，她温柔恳求的一个眼神就能给他以鼓励。母亲照顾父亲细致入微，仿佛不知疲倦，也没有听她抱怨过一句。

可不幸的是，母亲突发心梗，在睡梦中离开了这个世界。全家上上下下立刻乱了套，紧急召开家庭会议之后，家里已经成年的儿女和亲戚们共同决定，让露希尔和她的丈夫搬过来照顾父亲。露希尔诚惶诚恐，她觉得自己没法像母亲那样照顾得仔细周全。但她还是硬着头皮，小心翼翼地接受了这项挑战。

虽然知道母亲再也不会在边上发号施令了，可是记忆却如潮水般涌现，她的音容笑貌还有坚定的决心都在指引着露希尔。她学着母亲的样子，温柔而又坚决。从父亲的反应看，效果好像挺不错。她还学着母亲的样子，和父亲一起看老照片，听老唱片，试图唤醒他对往昔的记忆。

露希尔觉得自己是在沿着母亲的脚印前行。有时候她觉得母亲就在身边，默默地陪伴着她。按照母亲的方式照顾父亲的日常生活，她感受到的不仅仅是父女之情，还有母女之情。

家族中的前辈是我们最好的榜样，他们鼓舞我们，激励我们。我们学习他们的无私奉献和辛苦付出，这是他们来过这个世界最好的证明。

第十五章

幽默

失落疲惫时，我们可以笑，也可以哭。我更喜欢笑，因为哭完之后，还得伸手抹去脸上的泪痕。

——库尔特·冯内古特（Kurt Vonnegut）

无论是会心微笑还是开怀大笑，都能让我们和所爱的人之间的情感纽带更加紧密。找到共同的笑点，我们自然会远离消极的情绪，心与心也会靠得更近。生活中，我们时不时地迫切需要呼吸点新鲜空气，而这样温暖的情感，心灵的交汇，会让我们暂时忘却肩上的重担，天空也随之变得开阔和明朗，生活其实没那么糟。每天都要面对新的挑战，多一些幽默感，能让我们每天都精神抖擞，充满力量去接受挑战。

茱莉亚手记

父亲和我起了个大早，一起出去吃饭。我们去了他住所附近的一家日本料理店，店里没什么人，我俩面对面坐着吃早饭。

最近，哥哥和我都在努力说服父亲让他搬到哥哥家附近。他的健康状况让人揪心，我们都觉得他靠着哥哥住更好，最好能住一层楼。一年前，母亲突然去世，留下父亲孤苦伶仃地住在那栋老房子里。父母亲在那里共同度过了四十年的岁月，房子的每一个角落都会让他思念母亲。母亲离开之后，父亲和我在厨房的桌边不知道一起哭泣过多少次。父亲现在渴望有个新的住所开启新的人生旅程，他不想再这么孤单下去。我失去了母亲，父亲失去了妻子，这样的悲痛在我们的人生中固然有着特别的意义，但是我更希望我们能从悲痛中走出来，让彼此的心靠得更近。

以前父亲工作很忙碌，和孩子们的关系也比较疏远。我们一边吃着寿司，一边喝着颜色绚丽的饮料，我给父亲讲他的孙子孙女们有趣的事情，逗得他哈哈大笑。几年过后，父亲也离开了我们，现在回想起来，把父亲逗得捧腹大笑是我珍藏的美好记忆之一。

诙谐幽默地分享有趣的故事能让我们走出悲痛，走出困境。生活不应该总是庄重严肃的，它需要一剂调味品，幽默能带来无与伦比的幸福和欢乐。用心去寻找乐趣，和自己所照顾的人一起开怀大笑吧。

安玛莉的父亲去世之后，她发现母亲罗拉时常坐在椅子上发呆，两眼无神地看着天空。

母亲罗拉本来就有抑郁倾向，失去丈夫之后情况变得更严重了。父亲在世的时候给婚姻家庭带来了很多乐趣和活力，哪里有他哪里就有笑声。可现在，母女俩吃饭的时候，饭桌上冷冷清清。安玛莉并不是个天生会逗乐的人，她觉得自己无论如何也取代不了父亲。

一天，安玛莉打开电视给母亲看，播放的刚好是一部有些年头的搞笑片。她俩都忍不住笑出声来。屋子里的气氛立刻轻松了许多。受这件事启发，安玛莉心里有了个主意：每天，她都陪母亲看些搞笑的东西，母女俩一起哈哈大笑。的确，尽管她取代不了父亲，但是她可以和母亲一起分享快乐。

分享有趣的事情，如同拂面而来的一股清风，让我们觉得舒适放松，彼此也更亲密。

马维拉和女儿菲洛梅娜都觉得这一天过得糟糕透了。

本来计划很简单：一起出门，去几个街区之外的一家饭店吃饭。可一上车，菲洛梅娜发现妈妈的裤子后面不知道怎么湿了一块。于是她只好轻轻地搀着母亲，回到屋子里换条干爽的裤子。

回到车里，菲洛梅娜心想这下该没什么问题了。她随口问妈妈信用卡有没有放在钱包里。结果母亲没戴眼镜，找不到银行卡在哪里。她们只好再折回去，找到眼镜还有信用卡。眼镜就搁在厨房桌子上，而卡呢，好好地躺在钱包里呢。

第三次，谢天谢地总算顺利到达饭店，她们找了张桌子坐下来。菲洛梅娜发现母亲没有戴助听器。没有助听器，服务员说的话她一个字也听不清。最后只好由菲洛梅娜帮母亲点了她最爱吃的豌豆汤。汤的味道好极了，可母亲把一大勺汤洒在了新的白衬衣上。菲洛梅娜指着那块污渍给她看，母亲低下头，菲洛梅娜以为她会因为今天处处不顺而哭出来。令她吃惊的是，母亲先沉默了一会儿，接着笑了出来。菲洛梅娜也跟着笑了起来。母女俩互相打趣，两个倒霉蛋这一天还能碰上什么更倒霉的事情吗？反正也不怕了，来吧！

挫折中保持幽默感，能让我们保持乐观进取的心态，即使再大的困难，也不会担心害怕。

萝拉丽的父亲已经八十九岁高龄了，每隔几个月，她都会过去探望父亲。尽管她有两个兄弟，但清理父亲冰箱这件事，他们可不愿意做。

父亲的冰箱时不时会给萝拉丽来点“小惊喜”，那画面不仅恐怖，还让人恶心。恐怖制造者无非是锡纸裹起来的烂乎乎的剩饭剩菜，或者是已经发绿长毛的面包之类，这些萝拉丽都可以搞定。每次让她毛骨悚然，尖叫着跑出房子的是芦笋。

父亲虽然年龄大了，但健康状况相当不错，可以自己煮饭，自己生活。有个朋友每周都会过来带他去超市买东西。但是他记性似乎变得有些不好了，总是重复做同样的事情。每次去超市他都买芦笋，买回来放到冰箱的蔬菜抽屉里。可问题是他想不起来吃。于是，萝拉丽经常发现整个蔬菜抽屉里弥漫着绿色的糊状物，一股腐烂的气息扑面而来。每次她都是一边呕吐，一边逼着自己把东西扔掉，然后清理干净。她跟父亲讲，冰箱里存放太多的芦笋都烂掉了，而父亲呢，只好承认自己没有及时吃掉，说他很感激萝拉丽帮忙清理。

后来有一天，萝拉丽带父亲去超市，他径直走到蔬菜区，挑了一捆新鲜的芦笋放到购物筐里。萝拉丽目瞪口呆地看着他，简直无法相信自己眼睛。父亲笑着解释说，他很喜欢吃芦笋，这周一定会把它们解决掉。萝拉丽忍俊不禁，笑出声来。她敢打包票，下次冰箱里一定还有烂芦笋。

遇到荒诞的问题无法解决的时候，我们最好接受它的滑稽和荒诞，一笑置之。

宝拉的父亲胡安，七十八岁，每天他都在跟自己的健忘抗争：他记不得早饭吃了什么，记不得是女儿宝拉还是儿媳来探望他了，几月几号也搞不清楚。

宝拉是家里最小的孩子，她记忆中的父亲，智慧而又幽默。宝拉对父亲有着近乎狂热的崇拜。父亲的身体每况愈下，宝拉非常难过。她知道，父亲终有一天会离开。去有辅助看护的养老院探望父亲时，宝拉用悲伤的眼神看着父亲，而父亲也用同样的眼神回望着她。宝拉想尽量多陪父亲一会儿，一分一秒也是好的，虽然每次探访都让她觉得悲伤。

一天，宝拉和嫂子一起去看望父亲，嫂子谈笑自若地进了房间。父亲看到她，居然满面笑容。嫂子扮了个鬼脸，父亲笑得更开心了。接着嫂子又说了个笑话，父亲也跟着笑了起来。宝拉很诧异。她突然反应过来，因为父亲的短时记忆能力不太好，所以他的心情可以转换得很快。宝拉握住父亲的手，冲他微笑，表达自己对他的爱意。父亲脸上浮现出温暖的笑容，他告诉宝拉，他也很爱她。

嫂子把他俩搂住，说道："我们真是个幸福友爱的大家庭！真是太幸运了！"虽然父亲的健康状况堪忧，但是宝拉觉得，能给父亲带来欢乐和幸福，这简直是老天爷的恩赐。她决定，把悲伤留给自己，和父亲在一起的时候就得开开心心的。

和所爱的人一起，诙谐有趣能缓解即将失去引起的悲痛和哀伤，让最后的陪伴变得快乐和幸福。

第十六章

快乐和幸福

仁者爱人。

——孔子

风和日丽的日子，抬头仰望湛蓝的天空，和深爱的人一起欢笑，和孩子快乐地拥抱。生活中幸福的时光让我们忘却痛楚，也让活着变得更有意义。这世上有太多烦扰和痛苦:病痛、衰老、失去爱人，正因为如此，我们才得用心地寻找幸福，创造幸福，最深层次地感受幸福。

朋友们问弗朗辛，照顾母亲这么辛苦，她一个人怎么撑过来的。弗朗辛说，其实还好。听到她的回答，朋友们都很诧异。

弗朗辛照顾母亲已经五年多了，几乎全是她一个人在忙，这个大家都知道。母亲患有阿尔茨海默病，已经不能说话了。更要命的是，她还有帕金森病，行动也比较困难。照顾这样的病人，谈何容易。弗朗辛的脸上总是挂着盈盈笑意，朋友们都无法想象她是怎么做到的。

弗朗辛深爱着母亲，照料母亲她觉得幸福极了，这点朋友们或许不太了解。母女俩的感情一直都很好，要是母亲没了，自己该怎么办？弗朗辛对于未来的生活一点把握都没有。正是因为这份担心和害怕，弗朗辛特别珍惜和母亲在一起的每一分每一秒。当然了，遇到困难，她也需要别人帮忙。但更多时候，她都把母亲照顾地妥妥帖帖的。

跟你我一样，弗朗辛是个普通人，也有她自己的悲伤和痛苦：爱人的离开，关系的破裂，以及工作的劳碌。弗朗辛生命中最重要的人——母亲，正在一步一步地离开她，走向另一个世界。母亲是如此无助，弗朗辛用心地去爱她，照顾她，感到无比幸福。这是弗朗辛一生中最值得付出努力，也是最有意义的事情。

照顾所爱的人，我们心中会充满快乐。用心地感受这种快乐，让爱成为首要的体验，再辛苦，再劳累也值得。

路易斯抱住苏西，摩挲着她的发丝。他很爱妻子，心中隐隐感觉到不安。

他们刚看医生回来，医生诊断苏西患有中度阿尔茨海默病。尽管医生给他解释了，路易斯还是不太明白到底怎么回事。不过有一点他倒是很肯定，过去的五十二年他一直深爱着苏西，将来也一定会尽力照顾好她。这些年来他一直是这么做的。但是，现在情况发生了变化，想继续下去的话，路易斯必须得做些调整。

苏西变得越来越健忘，话也说不好了，有时候还会分不清方向。于是，路易斯只好和妻子聊一些她还记得的事情：一起养育孩子，一起旅行，一起冒险，一起散心，他们度过许多美妙的时光。他们有说不完的话。苏西一直是他的支柱；而现在，他是妻子的向导，安抚她，缓和她的情绪。

夫妻俩相处的模式是有所转变，但是两个人依旧是情比金坚。每一天的生活，路易斯都要去发现快乐，感恩自己拥有的一切。一切都会好的。

我们要善于在人和人的相处中寻找快乐，在日常生活中发现幸福，感恩自己所拥有的。

茱莉亚手记

我们一家人决定去果园摘苹果，公公史蒂夫患有帕金森病，好在他还能够自己走路。

公公的阿尔茨海默病越来越严重，于是几个月前，公婆只好从佛罗里达搬过来和我们一起住。他们已经好些年没摘过苹果了。这天，我们一大家子人挤到车里，浩浩荡荡地向苹果园出发。到达之后，我从车里拿出折叠椅带上，十几岁的儿子搀扶着爷爷，沿着崎岖不平的路往苹果园走去。

停车场到苹果园还有蛮长一段距离，惹得老爷子大声抱怨。大家都心惊胆战的，生怕出个什么意外，可是让他一个人待在家里也不是办法啊。最后，公公坚持走到靠近苹果园的小山顶上，然后坐了下来，在那看着我们摘苹果。他在折叠椅上坐下来之后，这才真正放松下来，从山顶俯视着我们。婆婆、我，还有儿子摘了整整两大筐苹果。阳光洒在我们身上，微风拂面而来，公公的脸庞上荡漾着盈盈的笑意。

从苹果园往停车场走的路上，大家七嘴八舌地议论，用苹果做什么好吃的。我想烤苹果派，婆婆要做苹果酱，说说笑笑，其乐融融。这次出行，每个人都很开心。

可是后来公公的身体每况愈下，跟我们一起住了不到三年就去世了。现在，婆婆的身体也越来越不好了。但是，一想到那天跟我们一起摘苹果，那么开心，那么温暖，她的脸上就会浮现出幸福的笑容。

一家人共同参与一项愉快的活动，将会留下永恒的美好回忆。

格雷戈里经常去看望父亲乔，他觉得父亲就像个机器人一样。

格雷戈里一周去探望父亲好几次，看看需不需要给他买食物买药，或者帮忙做点什么。多半时候，父亲都在看电视。就算格雷戈里进了屋子，他也跟没看见一样，点点头就算是打招呼了。

父亲一向不是个热情的人，他对格雷戈里关心得不多，抚养孩子的责任大部分都是母亲的。现在母亲已经走了。格雷戈里非常思念母亲，她就像黏合剂一样，能很好地调和父子俩之间的感情。可现在呢，格雷戈里和父亲似乎活在两个不同的世界里，双方都不知道怎样才能走进对方的世界。

格雷戈里决定学学母亲的样子：她从来都是主动出击给别人带来欢乐，而不是被动地等着别人调节气氛。再去探望父亲时，格雷戈里坐在他旁边，讲起一家三口去尼亚加拉大瀑布度假的经历。父亲也跟着说起了那次度假他觉得有趣的事情。晚上回到家，格雷戈里觉得自己心情好多了，他相信父亲也很开心。

有意识地调动气氛，让自己活跃起来，那么，我们所照顾的人的心情也会一扫阴霾，变得开朗。

父亲萨尔中风之后就住到了一家简陋的养老院了。这一年来，虽然约翰心里很纠结，但每周还是会驱车去探望父亲。

约翰很爱父亲，迫切地想见到他。只是这家养老院跟原来的家相比，落差实在太大了。父亲的家温暖整洁，可现在住的这家养老院，空荡荡、冷冰冰，四处弥漫着消毒水的味道。父亲之前舒适惬意的生活状态完全被打破了。中风后，半身瘫痪的他只能坐在轮椅上，心情也变得阴晴不定，多半时候闷闷不乐。前一分钟还在勃然大怒，过一会儿又开始抹眼泪，接着又变得尖酸刻薄。对此，约翰觉得很担心。

这天是周日，下午，约翰帮着女儿照顾外孙。四五岁的小孩吵闹不止，淘气起来简直无法无天。最后，他决定带着外孙们一起去看望父亲。孩子们一看见门廊里睡得正香的萨尔，还没等约翰反应过来，就风一般冲了过去，跳进曾外祖父的怀里，约翰连拦都来不及拦。萨尔惊声尖叫起来，可孩子们跟没听见一样。他们虽然不记得曾外祖父什么样，也没去过他家，但不知怎的，孩子们莫名其妙地就喜欢上了萨尔，好像把养老院当成了游乐场。约翰把他们从萨尔的怀里统统轰走，哪知道孩子们伸手抓住萨尔轮椅后面的把手就把他往前推，约翰无可奈何地跟在后面。

接下来的一个钟头，孩子们推着曾外祖父把整个楼里的走廊跑了个遍，几次撞到墙上，还差点撞到另外一个轮椅。出乎约翰的意料，萨尔似乎心情好多了，每当孩子们推着他飞速转过拐角的时候，他就开怀大笑。看到父亲和外孙们那么开心，约翰也情不自禁地跟着笑起来。笑声似乎是在告诉约翰，即使身体不便，也能感到快乐。这也提醒了约翰，孩子们天生就懂得怎样去创造快乐，他们不需要大人的教导就能随时随地创造快乐。

我们要抓住一切机会，尽情地体验快乐。不要只关注失去了什么，更应该关注我们还拥有什么。

艾琳和卡米尔是听着父亲的冒险故事长大的。

父亲德鲁二十几岁的时候徒步去过阿巴拉契亚山，还在大峡谷露过营，甚至还搭顺风车周游美国。后来生活稳定下来，结婚，有了两个女儿，德鲁就带着女儿们去露营，教她们各种各样的生存技巧，围着篝火给她们讲恐怖故事。

女儿长大成家之后，德鲁和妻子搞了辆房车，每逢节假日就去游览国家公园。俩人退休之后，多半的时间都是在旅行。这样的生活状态一直持续到母亲八十岁去世时。后来因为糖尿病，德鲁有几个脚指头不得不做了截肢手术，他只能坐在轮椅上了。艾琳和卡米尔忧心忡忡，担心父亲因此而抑郁。

姐妹俩做了些功课，了解到附近有个公园，里面的路铺得很好，方便使用轮椅。于是，她们准备好野餐的食物，告诉父亲，马上要带他去历险啦。话音还没落，父亲立刻精神抖擞起来。他们在公园中漫步，一边吃饭一边欣赏眼前的美景，父亲还给她们讲了好多鸟类、植物、花卉的知识。愉快的一天结束了，姐妹俩把父亲送回家。父亲好久没有这么高兴了，他热烈地拥抱住艾琳和卡米尔。姐妹俩计划着，以后只要有机会就带父亲出门散心。

命运的安排难以尽如人意，痛苦落寞乃人之常情。我们应该和所爱的人一起做些喜欢的事情，重新找回失去的快乐。

第十七章

认识自己的局限

了解自身的局限性，才能超越自己。

——阿尔伯特·爱因斯坦（Albert Einstein）

作为看护者，我们竭尽全力满足亲人的需求。然而，追求完美，拒绝别人的帮助，或是苛求自己，最后只会让自己灰心丧气。每个人的能力都是有限的，只有理智地看待自己，我们才能在照顾好病患的同时照顾好自己。有时，我们需要调整既定的计划，或者向别人请求支援，或者采取折中的方式处理问题。知道自己的局限性，接受自己的局限性，让别人也理解自己，这样才能灵活应对问题，照顾好亲人。

爱德华不知如何是好，这可是他第一次独自照顾南茜阿姨。

南茜阿姨一直由她的女儿女婿照顾，他俩没有任何帮手。爱德华主动提出要帮忙，好让表妹一家放松一下，要知道，这周末可是他们的结婚纪念日。那么多阿姨中，爱德华最喜欢南茜，他心里一直想着要过来照料她。

晚上，爱德华做了丰盛的饭菜，吃完收拾好之后，南茜阿姨请他帮忙给自己洗个澡，换上睡衣。爱德华很紧张。之前他从来没有帮别人洗过澡，而且这可是他的阿姨啊。他轻声咕哝了一句，表现得有点勉强，不过南茜阿姨好像没有听见，她已经在浴室准备好了，就等着他过来搭把手。一来，爱德华觉得自己笨手笨脚的，不知道怎么帮；二来，他心理上还是无法接受和阿姨这么亲昵。于是他又大声地把自己的想法说了一遍。南茜阿姨这次总算听明白了，她觉得爱德华说得很有道理，考虑到安全，还是不要洗澡比较稳妥，这样也避免了爱德华的尴尬。

周末很快就过去了，爱德华跟表妹说起了那天发生的事情。他们表示完全理解爱德华的想法。从那之后，爱德华也更加欣赏和敬佩表妹一家能如此悉心地照顾阿姨。他打算以后经常过去帮忙。

遇到棘手的问题时，我们需要进行有效的沟通，明确哪些事情自己做得到，哪些事情自己做不到，让双方都满意。

那天傍晚，一整天疲于奔命的布兰迪心力交瘁。

布兰迪在一所中学的自助餐厅工作。冲出餐厅，她赶到街角去接十二岁的儿子伊凡，还好赶上了，儿子刚从校车上下来。布兰迪把儿子送回家，照顾他吃了些点心，又赶紧送他去踢球。紧接着，她去药店给母亲买药，然后去超市买晚饭要用的猪排。买完之后接上伊凡，顺路先去母亲那里把药给她。再回家做饭，吃完，收拾好，检查伊凡的作业。忙完了还得去母亲那里，铺好床铺，照顾她就寝，然后回家，把留给丈夫的饭菜再加热一下，他加班回来得晚。好不容易把一切搞定，丈夫却说干洗店的衣服布兰迪忘记取了，布兰迪答应他的，干洗店就在超市边上。布兰迪真想冲他大声吼叫，或者哭出来也会好受一些。她真的太累了，身心俱疲。

布兰迪爱自己的家人，也想照顾好家人。但家里的事情太多，布兰迪分身乏术，常常会觉得内疚，她觉得自己什么都做不好。她不想让每一个人失望，可是她又做不到。

那天晚上给母亲打电话时，她终于没控制住，哭了出来。母亲静静地听着布兰迪的倾诉。母亲说:“你为我们做的一切，我们都很感激你。无论是你的丈夫、儿子，还是我，我们并没有期望你把一切都做得尽善尽美。你在乎我们，并且你已经尽力了，这还不够吗？”听完这番话，布兰迪哭得更伤心了，但不再觉得压抑了，委屈、烦恼和压力跟着眼泪一起宣泄了出来。

母亲建议她可以雇个人替自己去超市买东西，去药店买药。布兰迪开始很反对，但是在母亲的劝说下最后接受了。母亲认为她应该把家庭放在首位。布兰迪很感激母亲能够理解自己。主次分明之后，她才能更好地掌控自己的生活。

苛求看护工作的完美，最后只会让自己灰心沮丧，愧疚不安。不求最好，只求更好，我们应该脚踏实地，合理计划。

巴里和莱莉亚手记

我们去巴里母亲那儿，接她去看电影。

这几天通电话的时候，听她的口气都快要等不及了，巴不得立刻就去看电影。虽然母亲的身体状况时好时坏，但是最近整体还不错。于是，我们决定带她去看场电影。

进了屋，我们立刻觉察到哪里有点不对劲。她衣服搭配得很好看，妆容也很得体，看起来气色不错。她坐在椅子上，手包放在膝头，笑眯眯地望着我们。可眼睛看起来没有神采，拄着拐棍站起来的时候身体也不稳当，仿佛随时都要摔倒的样子。

类似的情况之前也出现过，我们怀疑母亲是不是又尿路感染了。在我们的盘问之下，她很不情愿地承认确实是尿路的问题。巴里立刻打电话联系医生，给她安排就诊时间。然后我们征询了她的意见：还去看电影吗？她叹了口气，无奈地说："看来只好待在家了。"

帮她换好睡衣，卸了妆，躺好之后，我们答应母亲改天再带她去看电影。接着打开电视，找了部她想看的电影，又拿来椒盐脆饼，陪着她一起看，直到她进入梦乡。虽然心里替她觉得遗憾，但是又很庆幸，母亲的决定很明智。

限制亲人的活动势必会让他们失望和沮丧，我们都不忍心那么做。我们应该在安全得到保证的情况下，灵活处理问题。

面对茁壮成长的家庭，露丝觉得这个计划太完美了。

母亲艾丽莎邀请露丝一家搬过去，和她一起住在那幢有点年头的大房子里，露丝和丈夫杰夫，还有两个女儿开心极了，欣然应允。他们都很感激，一来这样可以省掉房租，攒下钱将来买房子用；二来露丝和杰夫上班的时候，妈妈还能帮忙照看孩子。再者，母亲身体不比年轻时候，每逢周末小两口还可以帮忙做些繁重的家务活。

谁承想，大概在一起住了两年，母亲患了中风，身体的右半边行动不便，走起路来一瘸一拐的。这下，露丝陷入了困境。还没出院的时候，母亲就说露丝不能搬走，养儿防老，女儿照看母亲没什么不合理的。而丈夫希望尽快离开，他担心照顾艾丽莎的责任就这么落在他们头上，丢也丢不掉。

一方面，露丝是个有良心人；另一方面，她也知道自己的能力有限。丢下母亲不管不问，她于心不忍；可尽管母亲觉得照顾她是理所当然、天经地义的事情，露丝也不能把全部精力用来照顾她，忽视丈夫和孩子。现在她必须采取折中的方案：他们继续住下去，但她一个人应付不过来，母亲必须雇一个家庭护理员帮忙。

或许母亲和丈夫对这个方案并不是十分满意，但露丝很清楚，她无法满足所有人的所有需求。她只能尽力照顾好他们。露丝可以肯定的是，如果她遇到什么情况，母亲和丈夫也会这样尽力照顾自己。

每个人承担的家庭角色是多重的。每个人的精力和能力也是有限的，我们必须妥协和折中，才能在善待别人的同时也善待自己。

巴里手记

继父史蒂夫住在养老院的阿尔茨海默病区已经有两年的时间了。这天，我去养老院探望他。我本来只是想替史蒂夫说两句话，最后变成了对院方的批评和指责，没想到还惹怒了护士长。

护士长愤怒地盯着我，斩钉截铁地回复了我的质疑。我的一番话弄巧成拙了，让护士长火冒三丈。

这有点怪我太自以为是。自恃有着二十多年临床心理学的从业经验，我觉得自己差不多也算是阿尔茨海默病、药物治疗和医疗设施的权威人物，然而护士长很快指出了我的知识缺陷和逻辑问题。

也怪我同理心不够，没设身处地地替养老院的工作人员着想。史蒂夫的健康状况越来越糟糕了，我满脑子都是这个事情，以至于没法冷静下来听护士的解释。主观情感控制了我，我满眼看到的都是问题，而没有换个角度想想其实工作人员已经在恶劣的状况下尽了最大努力。我觉得懊恼，他们只会更懊恼。

眼看谈话是继续不下去了，我一筹莫展，重新思考了自己的所作所为，才意识到，其实护理包括很多方面，不能以偏概全，更不应该以敌对的态度对待专业护理人员，这只会让史蒂夫的处境更糟。

后来再去探访史蒂夫时，我会非常认真地咨询护士的看法，聆听他们的意见，对做得好的表示认可，有些症状，他们也无能为力，我也都能理解。

这样一来，相处变得融洽多了。护士们知道，其实我并不想对他们的工作评头论足，我只是希望他们能把史蒂夫照顾得更好。认识到自己的长处和不足，接受别人的长处和不足。现在，关心史蒂夫的人，除了我，还有医护人员们。

自以为是会让你听不进别人的意见和看法。有学识有见地固然是好，也要学会欣赏别人，认可别人的付出和努力。

瑞德笨拙地弯下腰，伸出双臂抱住艾娃。

只要艾娃需要，杰瑞德什么都愿意做。艾娃笑了。杰瑞德为她所做的一切，让她感激不尽。他们在一起也有二十几年了。大概十年前，杰瑞德患上了重度抑郁症，艾娃无微不至地照顾他。后来杰瑞德的状况好转了，可艾娃的身体却不如从前了。现在反过来轮到杰瑞德照顾艾娃了，杰瑞德迫不及待地想奉献出自己的爱。

艾娃患有帕金森病，身体越来越差，现在离不了轮椅，给她洗澡也越来越困难。像以前一样，他们还是会一起去散步——散步是他们最喜欢的活动，他们都觉得大自然十分美好。艾娃的厨艺更好一些，不过在艾娃的指点下，杰瑞德现在也能做一手好菜。看护工作越来越繁重，杰瑞德觉得必须得请个帮手了。

他雇了个人专门帮艾娃洗澡，把她从轮椅上抱上抱下。开始艾娃很抗拒，她不习惯陌生人照顾她。杰瑞德解释说，这是为了安全考虑，而且他自己也需要一些时间喘息休息一下才能继续下去，艾娃就不再反对了。未来的路还很长，杰瑞德需要找人分担自己身上的重压，才能善始善终。

觉得疲惫时，我们应该寻求帮助和援手，看护工作不是一朝一夕的事情。如果自己倒下了，谈何长久地照顾自己所爱的人呢？

第十八章

聆听、分享和关注

一颗富有情感，默默聆听的心往往比一个机智聪明、夸夸其谈的脑袋更值得人珍惜。

——迈克尔·约瑟夫森（Michael Josephson）

作为看护者，我们竭尽全力满足对方的需要，分歧和争执往往也会因此产生。我们自身也有需求，也会焦虑，有时候它会让我们丧失倾听的能力，对于所爱的人的话语，我们置若罔闻。其实，用心聆听，认真考虑被看护者的立场，切实感受他们的体验，那么，实现心与心的沟通并不难。分歧和争执是绝佳的机会，我们应该利用它进行真挚的、有意义的交流。

瓦尔到父母那里大概半个小时的车程，这几年来，她一直开车过去照顾父母，所以当他们决定搬过来和她一起住时，瓦尔感觉如释重负，非常激动。

瓦尔对自己如此反应感到很诧异，因为就在不久之前，她和父母都还觉得这不是个好主意。父母都是有主见的人，而瓦尔又特别忙，工作已经让她喘不过气来，还得照顾丈夫和孩子们。瓦尔知道，父亲是个挑剔的人，而母亲情绪特别容易激动。最近，每当问起他们的就医情况，老两口一副吞吞吐吐、欲言又止的样子。直到月底，父亲才告诉她，他们的钱不够用了，但是他们又不想给女儿带来额外的经济负担。听完之后，瓦尔开始担心起父母养老金的问题，但是又帮不上什么大忙。

瓦尔和丈夫决定换套更大的房子，足够父母也搬过来住。接着，一大家人坐下来，按捺住性子，心平气和地谈了谈。瓦尔和丈夫，还有父母亲都说了自己对搬家的看法。每个人都把自己的需求讲清楚，还有什么担心也说了出来。瓦尔的父亲总算松了口气，卖了老房子，他们就有足够的钱生活。而母亲呢，希望每隔那么一段时间，可以来个家庭聚餐。最后大家一致同意，老两口还可以带带孩子，送外孙们去上学，或者帮忙做饭。大家都觉得，每个人的想法和需求都应该开诚布公，这样才能避免猜忌和怨恨。

住在同一个屋檐下，心理上有个合理的预期，坦诚相待，这会让每个家庭成员深刻地体会到，自己是这个大家庭的一分子。瓦尔不会抱有不切实际的幻想，觉得一切都会很顺利，不过至少现在开局不错。她不再焦虑，现在很快乐。

耐心地和对方沟通，给予对方充分的尊重，互相包容，互相迁就，鼓励对方说出期待和需求，这样一来，双方相处得会更融洽。

乔纳森正在律师事务所开会时，接到了父亲的电话。听起来父亲好像吓坏了，他说他摔倒了。这样的情况不是第一次了。

乔纳森风风火火地赶到父亲的住所，结果却看到他不仅没什么大碍，还笑眯眯地过来迎接自己。看来父亲就算当真摔倒了，也摔得很轻。乔纳森松了口气，可又难免很生气。要是下次再发生这样的情况，老板不一定会允许他在工作时间离开了。

当乔纳森第三次赶过去时，看到父亲没事，他忍不住心头的愤怒和压力，当场就发火了。看着父亲一脸委屈，愁眉苦脸的样子，乔纳森仔细想了想，或许父亲这样做有别的原因，是不是他整天一个人待着感到害怕?

从那以后，乔纳森每天上午十点左右都会跟父亲通电话，每次交谈大约十分 钟，挂电话之前，约定好下次打电话或见面的时间。乔纳森还给父亲找了个钟点工，每天上午十点多会过去帮他准备午饭，简单清理下房间。父亲开始的时候很不情愿，不过他慢慢觉得有人做伴也挺好，对午饭也挺满意。父亲整个人的状态变得平和了许多，乔纳森再也没有在工作时间接到父亲的电话。

仔细留意我们所爱的人行为背后所隐藏的信息，就会发现，其实他们并不是所有的需求都得到了满足。深入了解他们，我们才不会觉得委屈、愤怒，才能更好地照顾他们，支持他们。

茱莉亚手记

祖母住在有辅助看护的养老院。每当我走进祖母的房间，昔日她教我做包菜卷的场景就会浮现在眼前。

那是三十多年前的事了，可是记忆还是如此清晰：祖母温柔、耐心、乐呵呵地教我怎样准备复杂的食材，那种感觉就像依偎在她温暖的怀抱里。祖母现在九十几岁了，患有渐进性阿尔茨海默病，很多事都做不了，也没法再为我们做她的拿手好菜了。

走进门，我还沉浸在那段美好的记忆中，而祖母看着我，冲我灿烂地微笑。祖母已经记不得我的名字了，但是她认得我的面孔，知道我是她的亲人。祖母拍了拍身边的沙发，我走过去，坐下来握住她的手。祖母笑容满面，问我今天是不是过生日。尽管现在祖母什么也做不了，今天也不是我的生日，可那一刻，我又重新体会到了在祖母怀抱里的温暖，那种感觉是如此真实。祖母拥有一种超能力，能让时间静止，幸福长存。

只要有足够的耐心和细心，即使所爱的人已经老去，体力渐衰，我们仍然能够感受到他们给我们带来的幸福。

旺达在一座小的社区教堂里做牧师，一做就是几十年。

每次她走在街上，人们都会停下来向她征询意见，听她讲讲最近发生的事情，或者请她为自己祷告。旺达是个刚强的女人，总是心直口快。不过，即使她当面批评了某个人，或者劝说别人到她的教堂做祷告，大家也都觉得旺达这么做是出于对别人的爱。但是所有人，包括旺达的女儿塔米克对她都是又爱又怕。

后来，旺达患上了很严重的脑中风，话也不会说了。这个消息让整个社区的居民大为震动。她的女儿塔米克决心照顾母亲。教堂里的长辈们和塔米克见了面，表示他们可以帮忙。社区里的群众送来很多食物，还有祝福卡片和鲜花。塔米克觉得自己能照顾得过来，所以，一开始她也不知道还需要教会帮什么忙。

后来，塔米克有了个想法。她联系了教堂的长辈们，告诉了他们自己的主意。于是，他们就按照塔米克的想法提前做好了准备。接下来的那个星期天，塔米克带着母亲去教堂听另外一位牧师的祷告，她把母亲推到前面，然后在旁边坐了下来。所有的人在旺达面前排成一队，他们一个接着一个走到旺达跟前，告诉她，他们很感激旺达给予他们的关心和帮助。教堂里充满了泪水、笑声和拥抱。那是旺达参加过的，最有感召力的仪式。

给予所爱的人光荣和荣耀，意义非同凡响，同样也对我们至关重要，会一直影响着我们，让我们持续不断地感受到幸福和关爱。

阿米莉亚是一名高中生，每天放学后她都得去外祖母玛丽莲家，朋友们问她会不会很讨厌去外祖母家。

十几岁本应该是无忧无虑的年龄——运动、阅读，再不行出去闲逛。可是，阿米莉亚每天放学后都要去探望外祖母，还得做晚饭，然后等妈妈下班过来一起吃饭。

很庆幸的是，阿米莉亚非常喜欢外祖母。外祖母会给阿米莉亚讲很多她的有趣的经历，外祖母出生在一个热闹的大家庭，住在拥挤的城市里。阿米莉亚不仅不觉得照顾外祖母是件麻烦事，相反，她巴不得可以早点坐到餐桌前，一边吃榛果和姜汁饼干，一边听外祖母讲故事。以前外祖母一大家人住在五楼，屋子里只有一部电话，少得可怜的玩具和书，也没有电视看；圣诞节时，圣诞树着火了，外祖母和另外五个兄弟姐妹慌忙之中抓到蛋奶酒就浇了上去；外祖母的父母是从欧洲移民到美国的，他们会用三种语言唱民歌。

阿米莉亚津津有味地听着外祖母的故事。外祖母跟她出生在不同的年代，通过这些故事，阿米莉亚知道了外祖母在像她这么大的时候是怎么生活的。这比运动和瞎晃悠有趣多了，这可是她深爱的外祖母的历史传记呢。

祖孙间的感情通常尤为深厚。孙辈们聆听祖辈们的故事，可以更好地了解家族历史，传承家族遗风，继承家族的价值观。

茱莉亚手记

婆婆的阿尔茨海默病越来越严重了，现在经常分不清现实、梦境和幻想。

一天晚上，婆婆走过来笑眯眯地告诉我，最近她到我家来能看到一大圈纸做的灯笼，把整个后院都照亮了。她还说那一切美极了。我笑着看着婆婆，心想，她连走出自己家都有困难，怎么可能到我家呢，我家在1600米之外呢。很明显，她讲的是新年时候的景象。按传统，那一天镇上的路两旁会挂满装有蜡烛和沙的纸袋，镇上张灯结彩，五彩缤纷，确实很美丽。四个月前，我们也的确带她去看过。

是否该告诉婆婆她所看到的只是她的幻想呢？我一边思忖着，一边看着婆婆开心的笑脸，突然觉得这时候让她区分现实和幻想其实并没什么必要。的确，有些场合绝对不能混淆，但这一次，我答道："那肯定好看极了。"婆婆点点头，脸上依然洋溢着笑意。我们凝视着对方，美好而温暖。

有时候我们需要抛却真假对错，去珍惜情感的共鸣，心灵的相通。

第十九章

爱、珍惜与理解

不要放弃内心真正想做的事情。只要有爱的激励，我们就不会偏离正确的航向。

——埃拉·菲茨杰拉德 (Ella Fitzgerald)

爱的力量如此强大，它能修复一切伤痕。无论是被悲伤和心痛蒙蔽了双眼，还是亲人的离去让我们的心满目疮痍，抑或因为自己缺乏耐心而感到愧疚不安，爱总能够指引我们渡过艰难的时刻。富有同理心，从被看护者的角度出发，多考虑他们的处境，认识到双方心态和行为的差异，我们才能更好地尊重他们，照顾他们。

凌晨三点，明迪突然醒了，她紧张地竖起耳朵，想知道躺在身边的丈夫艾德是否还在呼吸。

从医生告诉他们艾德患有心力衰竭后，明迪夜里就经常睡不好。丈夫的呼吸挺正常，但明迪觉得自己的心跳很快，入睡非常困难。她经常夜里突然醒来，很小心地捕捉丈夫的呼吸声，听到他正常吸气呼气，明迪才放下心来，但是要想再睡着，可就不那么容易了。

谁也没想到艾德会患上心力衰竭。去看医生之前的几个月，明迪一直以为艾德可能是哪里对她不满意，好像故意似的，走路慢慢吞吞的。好几次明迪忍不住冲他发火，催他赶紧跟上来。接到医生的诊断之后，明迪才明白是自己疏忽了，要是她能早点发现丈夫的问题就可以早点就医了。

这天晚上，明迪本来打算继续留意艾德的呼吸，可最后不知道怎么回事注意力却集中到了自己的呼吸上。吸气、呼气，吸气、呼气，她听见自己缓慢而有规则的呼吸声。这一刻，明迪明白了，自己那么担心丈夫，还总是自责，其实都是出于对丈夫的爱。同时她也意识到，自己只是个普通人，凡人都会犯错，能有艾德的陪伴，她应该觉得很幸福。她继续专注于自己的呼吸，慢慢地将烦愁思绪撇开，直到慢慢进入了梦乡。

感恩、同理心和爱是最宝贵的情感，可是生活的压力和烦恼却常常会让我们忽视这些情感。我们应该花些时间，感受自己的呼吸，认真反思，唤醒内心的正面情感。

茱莉亚手记

父亲最近出了好几次小交通事故，我们几个儿女都觉得，不能再让他开车了。

父亲不仅记性越来越差，而且因为中风视力也受损了，有时候在镇上都会迷路，那可是他住了四十多年的小镇啊。决定已经做好了，可是大家谁也不愿意去做那个传达决定的人，因为那一定会让父亲很难过。不知怎的，最后我稀里糊涂地被大家推选出来去跟父亲谈话。

我的女儿刚获得了驾照的学习许可证，她兴高采烈地告诉外祖父，等拿到驾照，她想立刻就买辆车。我呢，好不容易鼓起勇气，告诉父亲我们的决定——当然我的口吻是很温柔的，告诉他这是因为我们爱他，为他着想——儿女们都觉得他不能再开车了，大家很担心他的安全，也得考虑别人的安全。父亲默不作声地盯着我看了一会儿，最后说:“让我想想。”我同意了，父亲需要点时间一个人待一会儿，仔仔细细地把这件事想明白。

第二天，我们在父亲那里吃饭的时候，父亲说他要把车送给外孙女，并且很郑重地把车钥匙给了她，还给她讲了发动机的情况，得加多少号的汽油等等。女儿欣喜若狂，而我们也放心了。那一刻，父亲是那么慷慨，那么优雅，我们都感动得热泪盈眶。

痛苦无可避免的时候，我们更需要调动同理心和耐心，让爱贯穿始终，才能获得最好的效果。

格洛丽亚打算找母亲问个清楚，为什么要把家里的东西送给照顾她的看护。

母亲那里每周都会少样东西：架子上原本用来装干花的玻璃瓶不知道去哪儿了；以前放满了手提包的抽屉，现在居然空了；买回来没多久的鞋子，还裹着包装纸呢，也不知所踪了。格洛丽亚并不是心疼这些物件，她对母亲的东西没多大兴趣。只是，令格洛丽亚心烦意乱的是母亲觉得这不关格洛丽亚的事。但看护是她请来的，每天到母亲那两小时，做做饭陪陪老人。可是母亲居然连问都不问她一句，就私自做了那么多决定，格洛丽亚一点发言权都没有。

最后，格洛丽亚终于狠下心来和母亲谈了这件事情，母亲叹了口气说："你不明白，别人照顾我，我很过意不去啊。"说完这话，母女俩看着对方，陷入了沉默。格洛丽亚逐渐能体会到母亲的处境了。她一向自尊心很强，不喜欢依赖别人，即使现在这样了，她仍旧在努力地掌控自己的生活。如何对照顾她的人表示谢意，她想自己做决定。把家里用不上的东西送给看护，这是她自己表达谢意的方式。只有这样，她才能心安理得地接受别人的照料。

格洛丽亚抱住母亲，说道："你做得好极了。"

母亲微笑地看着她，补充道："别担心，孩子。我留了好多东西给你呢。"

格洛丽亚被母亲深深地感动了:“谢谢你，妈妈。”

花些时间，去理解和体会被看护者的处境和感受，沟通会更顺畅，也更容易让彼此接受。

康妮和贝琳达的丈夫相继过世之后，她们各自的孩子都希望母亲能搬去和他们一起住。

康妮和贝琳达，这对只相差一岁半的姐妹，却决定要履行她们多年前的约定。当她们还是孩子的时候，家里不宽敞，两个人就挤一个房间。睡不着的夜里，姐妹俩就聊聊心事，她们发誓这一生都会彼此照了料。长大之后，她们各自有了家庭，住在相邻的镇子上，仍旧是最要好的朋友。尽管之前并没有计划过要一起携手走过人生的最后阶段，但是康妮和贝琳达都觉得，这是顺理成章的事情。

贝琳达做了膝关节置换手术，可是关节痛却丝毫没有减轻。于是，康妮搬了过来，帮她做饭、打扫卫生、收拾房间。康妮的记性不太好了，贝琳达就帮她管理和缴付账单。两个人取长补短，互相照顾。

姐妹们在一起有时候会吵吵闹闹，贝琳达和康妮也不例外。不过她们深爱着对方，能互相有个照应她们觉得心满意足。这一切，儿女们和孙辈们也都看在眼里。每天晚上，她们一起愉快地用餐，食物都是按照母亲传下来的手艺做的，两个人津津有味地边吃边聊。她们一起回忆当年父母的趣事，谈论老街坊邻居和过去上学时候的朋友，这跟小辈们可是聊不来的。她们爱听同样的笑话，喜欢同一类型的歌。贝琳达和康妮就像老夫老妻一样默契：一个才说了半句话，另一个就知道下半句是什么了。

姐妹俩深爱着彼此，她们互相理解，互相宽慰，分享幸福和快乐，共同面对衰老。

同胞手足之间共同的经历和默契是别人所无法取代的。同胞手足之情可以持续终身，给兄弟姐妹提供长久的支持，并让他们互相照顾。

巴里手记

继父的阿尔茨海默病每况愈下，不过母亲总能找到更好的方式关爱他。

如今继父连走路都不稳当，经常摔跤。每次继父摔倒之后，母亲就在地板上坐下来，靠在他旁边，不急不慌，轻柔地跟他说话，直到帮忙的人赶过来。继父的脑子也不太灵光了，经常犯糊涂，还会莫名其妙地发火。这时候，母亲就会打开电视，调到经典电影频道，然后两人坐在客厅的沙发上，紧紧地依偎着，一起回味他们年轻时候喜欢的歌舞剧和戏剧。

后来，因为摔跤，继父不得不进了几次医院，而且他经常半夜起来漫无目的地四处走动，这着实吓坏了母亲。最后，母亲伤心却也无奈，很不情愿地把继父送到了当地的一家养老院。那家养老院有些年头了，整幢楼里弥漫着一股消毒水的味道。接下来两年的时间，继父几乎每天都在养老院拥挤的活动室度过，坐在餐桌旁，目光呆滞地看着其他人。

母亲每周都会有三天过去陪伴继父，坐在继父身边。她对周围的人仿佛视而不见，心思全都在他身上，这点真是难能可贵。他们在一起说不了多少话，因为继父的语言功能已经丧失了大半。可是只要他开口说话，无论多么结结巴巴、含混不清，母亲都会把耳朵凑过去，耐心而又认真地试图理解他在说什么。母亲凝视着他蓝色的眼睛，努力地想去读懂他的心。

多数时候，两人就这么静静地坐着。母亲会拍拍他的手，把他已经穿旧了的运动裤上面的食物擦掉，或者帮他整理整理网球衫的领子。吃午饭的时候，她不厌其烦地一勺一勺地喂他土豆泥和烤鸡块。

真正触动我的是母亲脸上的深情。对母亲来说，能够待在继父身边怜惜地看着他、保护他、全神贯注地陪伴他，她就很知足了。每次母亲去养老院都神采飞扬，因为又可以看到继父了。我这辈子，从来没有见过任何人在这么不利的情况下，还能如此去爱。不夸张地说，我从没有见过这样伟大而又无私的爱。

无论病痛和生活会怎样改变一个人，我们会一如既往地珍惜他，爱着他。爱的力量让我们在磨难和困境中坚持下去。

黛西同父异母的兄弟瑞恩很明白地告诉她，一旦母亲去了养老院，家里留下来的东西得让他先挑。

还很小的时候，瑞恩就成了黛西的同父异母兄弟。继母生病之后，黛西照顾的一点不比瑞恩少。两个人尽的力几乎是一样的，不过家里的东西，瑞恩绝不会平分。事情弄成这样黛西早有预料，虽然兄妹俩的关系总的来说还算不错，但瑞恩经常想跟她一争高下。

家里有个角柜黛西很喜欢，还记得小时候捉迷藏时她经常躲在里面，不过她可不想和瑞恩因为家具起争执。但心里总归是有些愤愤不平，于是黛西只好处处躲着瑞恩。瑞恩的妻子也让她大失所望，两人相处了那么多年，走得那么近，也没见她替自己说句公道话。

继母患阿尔茨海默病，加上和瑞恩夫妇关系冷淡，心生龃龉，这些都让黛西心情很低落。她突然觉得自己一下子什么都没了。无奈之下，黛西决定试着换个角度看待当下。她知道瑞恩很爱母亲，他的难过和悲伤只会比自己更多。这么一想，黛西豁然开朗。瑞恩留下母亲的东西只是为了留个念想，黛西理解了瑞恩，并且大度地告诉了瑞恩自己的想法。过了些时候，瑞恩问她，母亲那边有没有她特别中意的家具，喜欢的话可以搬走。最后，黛西得到了那个寄托着她童年记忆的角柜。

同情和慈悲能帮助我们理解和接受别人的感受。在困境中，我们尤其需要同理心，换位思考会使沟通更顺畅，人与人之间也会更温暖。

第二十章

正 念

面朝阳光，阴影就会被甩在身后。

——沃尔特 · 惠特曼（Walt Whitman）

着力于现在，留意自然之美和与人相处的快乐，我们才能更加乐观地看待生活。不念过往，不畏将来，无忧无惧，我们的内心喜乐平和。深呼吸，专注于当下，唤醒心智，自在从容。

每天醒来，我并不着急起床，而是先花点时间把脑子里的焦虑和恐惧统统都赶走。

首先，深呼吸。感受胸腔慢慢地被氧气充满，然后慢慢地呼出。随着氧气的吸进呼出，紧张和焦虑跟着消失了，内心也平静了。

每天早上，我都会这么冥想。

我对拥有的一切都心怀感恩：舒适的床铺和房间，美味的早餐。它们让我联想到生活中的其他各种美好，持续呼吸，让感激之情在心中缓缓升腾。

我用心去欣赏自然世界的美：阳光透过百叶窗洒落在房间；蔚蓝的天空，啾啾的鸟鸣；落叶凋零，秋意渐浓。无论世界什么模样，我总能跟随自己的呼吸为大自然的瑰丽而感慨，而敬畏。

我认真地思考今天将如何度过。乐观坚强，富有爱心和慈悲心，这是我所渴望的。让自己快乐的同时，也要带给别人快乐，这个念头会随着呼吸深入内心，也会感染别人。

我将尽我所能，让今天成为最美好的一天。持续呼吸，让清晨的冥想带来一整天的正能量。准备好，开启新的一天！

清晨醒来，花些时间冥想，专注于呼吸，有助于培养积极乐观的心态。

巴里手记

住院的第一天晚上，母亲一副昏昏欲睡、失魂落魄的样子，仿佛一个走失的孩子。

第二天，她却变得非常健谈，活力四射，恢复了她往常精力充沛的样子，说起来话来也干脆利落。到了第三天，母亲一会儿昏昏沉沉，一会儿焦虑不安，饱受折磨。

“阿尔茨海默病怎么把母亲变得这么喜怒无常？”我不禁反问自己。母亲以后会变成什么样？我该怎么帮助她？未来的道路一定会很曲折，我们又该何去何从？

无所适从的我只好追着医生和护士，希望能从他们那儿找到答案，可是他们也不确定未来会怎样。后来有个医生跟我说：“你的母亲年纪本来就不小了，加上患有阿尔茨海默病，身体会越来越虚弱。她每天的状态都可能跟前一天大不一样。”

尽管心理上有了准备，但是现实还是让人难以接受。是的，从前的母亲，成熟稳重、意志坚定，可现在我忘记她原来的样子了。在我成长的过程中，从嗷嗷待哺的婴儿，到蹒跚学步的孩子，到意气风发的青年，再到独立成人，母亲一直在适应我，适应我不同阶段的变化。现在，我也要像她当年一样，用发现的眼睛重新认识母亲，接受她的变化。母亲向我微笑时，我就回以微笑；母亲沉默不语时，我就坐在她身边陪伴她；想说话的时候，我就陪她聊天。

有时候，生活变化得太快，令人目不暇接，无力应对。我们应当观察变化，接受变化，以不变应万变。唯有如此，我们才能活在当下，既不纠结于过去，也不畏惧将来。

女儿早早出门上班去了，接着外孙们上学去了，最后丈夫也起来了。这天早晨，西尔维娅忙里偷闲地认真聆听自然美妙的声音：蓝松鸦呱呱叫，红衣凤头鸟像在吹口哨，还有紫织布鸟唧唧啾啾。

西尔维娅家三代同堂，房子很宽敞，里面通常是一派热闹的景象。坐在厨房的桌子旁，一边享受清晨的第二杯咖啡，一边看着窗外，倾听自然的交响曲，西尔维娅觉得很惬意。耳边隐约传来阵阵低沉的打呼声，一楼后面的卧室里丈夫还在酣睡。西尔维娅竖起耳朵，仔细地捕捉鸟儿们的啼鸣，如悦耳的歌声般平和舒缓、沁人心脾。

这几年来，西尔维娅能气定神闲、怡然自得地坐下来喝口咖啡的机会并不多。丈夫患了充血性心力衰竭，梳洗穿衣都离不开她。西尔维娅还得开车带他去医院，想办法让他保持活力。外孙们下午放学回到家就要吃点心，西尔维娅还得看着他们写作业。事情头绪太多，西尔维娅分身乏术，只觉得自己做得还不够好。一天下来，西尔维娅既没有成就感，内心也不安宁，一想到明天还要继续这样忙乱的生活，她就感到害怕和紧张。

然而第二天其实并没有她想的那么糟。清晨的太阳洒下丝丝缕缕的阳光，微风和煦，打开厨房窗户，西尔维娅听到婉转的啼叫，那是鸟儿们躲在高高的山毛榉树和橡树树枝里唱出的美妙歌曲。它们像是在告诉西尔维娅：照顾家人再辛苦、再混乱也不能

忘记，自然的律动从未停息。大自然优美的节奏让西尔维娅在接下来一天的时间里，精神焕发，又充满了生机，

忙乱而疲惫的日子里，找些时间平复心情，修复体力。多留意世界的美好，因为大自然拥有奇妙的力量，能让我们重振精神，恢复活力。

妻子患了中风，很长一段时间，夫妻俩待在一起只有沉默，这让丹很难适应。

雪莉差不多已经恢复了独立行走的能力，可是语言能力还是不行，说出来的话含糊不清，支离破碎。夫妻俩只能坐在沙发上，手握着手，一起看电视或者听音乐。他们结婚差不多三十年了，想和以前那样说话聊天看起来是没什么希望了。

后来，雪莉的语言治疗师教了他一个妙招。人类大脑中掌管语言和音乐的区域在不同的位置，因此，尽管雪莉不能说话，但是她可以唱歌——或许歌词会有些磕磕巴巴，不过总归能唱出来。丹马上就把这招用上了。每天早晨，早饭过后，丹和雪莉就一起唱《洒满阳光的街道》，和声部分俩人配合得相当默契（“阳光洒满街道，生活如此美好”）。这首歌有年头了，听起来有些滑稽可笑，却勾起许多他们往日的回忆。

丹沉醉于两人声音的交融以及歌声的质感中，虽然不是什么百老汇的歌星，然而夫妻俩的歌声久久地在小小的厨房里回荡，温暖着他们。丹觉得眼前的妻子如此的甜美，歌声也如此的动听。一曲终了，屋子里恢复了安静，夫妻俩仿佛把心中的苦闷都唱了出去。他们微笑着，充满爱意地凝视着对方。

音乐是情感交流的有效媒介。当我们和所爱的人在一起时，它能加深爱的体验和记忆，也能帮助我们在悲伤中找到喜悦。

在他们家庭生活状态最好的时候，孩子们都还住在家里，每个人都健健康康的。尽管如此，珂拉还是整天心烦意乱。

她喜欢拿自家孩子跟孩子们的同学比来比去，老想着自己是不是哪儿没做好怠慢了邻居，担心等丈夫查理退休的时候挣的钱会不会不够维持两个人的生活。珂拉整日烦恼，发生过的事情也好，没发生过的事情也罢，总之，她操的心太多，却忽视了眼前所发生的一切。

珂拉一直是这样的状态。直到夫妻俩都六十多岁时，查理被确诊为肌萎缩性侧索硬化症（俗称“渐冻人”），她却变得不再焦虑了。倒不是说她不担心丈夫的健康状况，换作以前，珂拉肯定担心极了，因为不知道这个病最后会多可怕。珂拉能有这样的转变，一个原因是查理患病之后，说话行为都拖沓了很多，珂拉也不由自主地跟着放慢了节拍。还有个原因就是，她知道陪伴丈夫的日子不多了，如此反而能够专注于和他相处的分分秒秒。

为了改变自己焦虑的心态，珂拉还专门学习了相关的课程，进行有目的的训练。她在当地的基督教青年会学习了呼吸以及冥思的技巧，从而能更好地放松并唤醒意识。她现在能够运用技巧控制脑袋里乱七八糟、躁动不安的念头，将注意力集中在当下。

阳光明媚、风和日丽的日子，珂拉会陪查理坐在门廊上。她集中精神用心地陪伴丈夫，她看见查理绿色的眼睛炯炯有神，她倾听查理沙哑的嗓音说起话来抑扬顿挫。她把丈夫从轮椅上拉起来的时候，能感觉到他的法兰绒衬衣在掌心摩擦，质地柔软。她闻到了熟悉的丈夫的须后水的味道。他们坐着聊了会儿天，看着门外车来车往。珂拉还是会不由自主地想到丈夫的离开，但是她更想和丈夫幸福地过好眼下的时光。安详而又从容，深情而又充实，珂拉陪伴查理走过人生的终章。

多数人都得经过不断的实践和训练才能具备活在当下的能力。脚踏实地，珍惜现在，我们才能看清自己和所爱的人之间的矛盾与挣扎，害怕和恐惧，也才能更深层次地感受亲密无间所带来的幸福圆满。

正念行走能帮助平和心境，恢复活力。

正念行走之前首先要做的事情是规划路线，绕着街区或者在公园里都可以。条件允许的话，行走的时间越久越好。记得穿双舒适的鞋子，夏天要做好防晒工作，冬天要戴好帽子和手套，手机最好关掉。

开始的时候，步频要慢而有节奏。注意呼吸。抬头仰望天空，仔细观察天空的颜色，是浓重的深蓝色还是淡淡的浅蓝色？天空有云朵吗？太阳在哪个方向？能感受到阳光的温暖吗？现在，请往前看。能看到树木吗？是不是有不同的颜色？仔细观察，你会发现树木的绿色因为光影的作用深浅不一。能看到花朵吗？如果有的话，请选择一朵花，靠近它，仔细观察。要是有时间，请认真研究这朵花，你会发现它的结构如此复杂，对大自然的敬畏之情油然而生。你有没有遇到行人、房屋或其他建筑物？无论走到什么地方，都请不要放过细节。你会恍然大悟，原来这里一直有那么多美丽的东西，只是你从未察觉。

当你感觉到注意力有些分散，脑袋里又出现压力和责任的时候，提醒自己，自由行走的灵魂才是终极的自然状态。再次留意自己的呼吸，感受胸腔起起落落。缓缓前行，继续观察有趣的景象。正念行走能缓解日常生活中的压力和紧张，并且帮助你发现世界的美好。

正念行走在我们和我们所处的世界之间重新建立连接，从而带来心灵的宁静和崭新的视角。

第二十一章

乐观和希望

在黑暗中也能看到一丝光芒，这就是希望。

——戴斯蒙德·图图（Desmond Tutu）

即使面对人生中最残酷的挑战，我们也有从容选择的权力。敞开胸怀，接受别人的帮助，拥有积极的心态，没有过不去的坎儿和解决不了的问题。豁达乐观给我们带来光明和温暖，也感染着与我们携手共进的人。未来的征程难免艰难困苦，但是只要内心坚定，充满希望，面对困难我们就会越来越强。

茱莉亚手记

我的好朋友妮娜和癌症抗争了二十年，现在生命就快走到尽头了。只要有空，我就去探望她。

每次去看她之前，我都很害怕，也很不安：妮娜会不会看起来更糟了，身体的活动能力是不是越来越差了，要是聊到她的病情我该说些什么好呢？

但每次到了妮娜家我都会发现，妮娜的状态不错，还是之前的老样子，只是活动很受限。这真是让我喜出望外，不由得心里也松了一口气。妮娜什么都跟我聊，甚至会聊到死亡。她告诉我，虽然孩子们都已经长大成人，而且还过得都很不错，可她就是放不下。妮娜还说，她担心自己死了之后丈夫没有人照顾，怕他走不出失去妻子的悲痛。妮娜得的是不治之症，现在很多事情做不了，说起这些她也毫不避讳。就算病痛发作疼痛难忍，妮娜也会津津有味地跟我讲她爱吃的食物，虽然她能吃的东西越来越少了。到后来，妮娜连书也读不了了，但她仍然坚持听书或者用平板电脑看视频。

妮娜与病魔抗争的这二十年中，她的勇气一直在鼓舞着我，激励着我。她的一生，奋斗到了极致，也活到了极致。生命的乐章眼看就要戛然而止，哪怕在这样的时刻，她还能做到乐观向上。她心中不灭的希望也照亮了我们，我会一辈子都记得她。

迎难而上，积极乐观，将生命的宽度、深度和广度都延伸到极致，这样的人，即使离开了，他们的精神也依然感染和鼓舞着我们。

弗兰的丈夫弗雷德被确诊为胰腺癌，上帝留给他们的时间所剩无几了。

弗雷德被送到了临终关怀病房，弗兰每天下班后都会过去陪他，有时候晚上会留下来跟丈夫一起在病房里过夜。弗兰和弗雷德聊到他们的婚姻和爱情，聊到丈夫走后生活会怎样，他们什么都聊，想到什么说什么。

弗雷德确诊之前的一段时间，弗兰几乎已经无法忍受丈夫了。他消极遁世，难以相处，整日跟她争吵不休，再有趣的事情他也没兴趣，不想参加任何社交活动。弗兰一度想要放弃这段婚姻，她还跟朋友提过离婚的事情。她爱弗雷德，可是谁能想到他们的婚姻最后会变成这样的局面，双方都不快乐，只能通过不断的谈判硬撑下去。弗雷德甚至说过他要提前退休，搬到西部去，远离弗兰一家人。而弗兰呢，也没打算跟他一起走。

后来弗雷德得知了自己的病情，弗兰也了解了胰腺癌的严重性，她急得像热锅上的蚂蚁。她深爱着弗雷德，不想他就这么死去。为什么之前弗雷德脾气会变得暴戾孤僻？现在也终于真相大白了，那是因为他一直在忍耐着疼痛。过去发生的种种不愉快，弗兰现在都已经释怀，她决心要陪在弗雷德的身边，修复夫妻之间的感情，伴他走过人生的最后一段路。弗兰德在这世界的最后几个月，他们互相呵护，互相理解，心意相通。这是弗兰一生中最珍贵的记忆。

和爱人的关系看似走到了死角，但其实我们仍然有机会，调整方向，修复感情。

格蕾丝最近被确诊患有轻度阿尔茨海默病，她的两个女儿共同承担起了照顾她的责任。

洛蕾塔是姐姐，对于母亲现在的状态，她虽然难过，但是基本上能够接受，而妹妹波利一直在抗拒。母亲记不得自己的名字，记不得当天是几月几号，或者说话前言不搭后语时，波利就会变得很懊恼，忙不迭地帮母亲纠正。

姐妹俩谈起母亲病情的时候，波利坚持说希望母亲配合治疗，养成健康的生活习惯，饮食营养均衡，这样认知能力应该会有所改善，能快点好起来。洛蕾塔则认为母亲的状况只会越来越差，她们唯一能做的就是减缓病情恶化的速度，但无论如何，只要母亲还在，大家在一起就应该开开心心的。波利觉得姐姐这等于是放弃了希望。她还幻想着以前那个母亲快点回来，继续给女儿们好的建议，纠正她们的错误，而不是像现在，一切都反过来了。现在的母亲跟过去的母亲简直是天壤之别，波利心里很不痛快。

谈话仍在进行，洛蕾塔试图让妹妹明白，母亲的健康每况愈下，姐妹俩现在必须转换角色，照顾好母亲。过去母亲对她们呵护备至，关爱有加，现在她们得仿照母亲的样子来对待母亲。母亲患病的确让她们失去了许多东西，可这也是一个报答母亲恩情的机会，姐妹俩应该互相打气，照料好母亲，她们也会因此而成长。悲伤的同时，她们也得学会用积极乐观的心态去应对生活，学会照顾母亲，照顾彼此。

拥有积极向上的心态才能拓展视角，才能在困境中看到希望，才能让我们坚持下去，人与人之间的关系才会更亲密稳固。

不管前方道路多么蜿蜒曲折，崎岖不平，科林和托比照顾好母亲伊莎贝尔的决心都不会动摇。

科林和托比有三个年幼的孩子：老大玛利亚，十一岁，发育迟滞；还有一对八岁的双胞胎男孩，淘气极了。夫妻俩的工作很辛苦，他们也很努力。尽管托比有时候可以在家办公，但科林每个月都得出两次差，一去就是好几天。

科林的母亲中风后，落下了轻微的残疾，夫妻俩毫不犹豫地把她接过来一起住。这下家里可热闹了，双胞胎开始挤一个间房，给祖母让出了一楼的一间卧室。科林和托比知道照顾老人不容易：要送她去看医生，还会有职业理疗师上门问诊。虽然不容易，但他们还是坚持了下来。遇到困难，比如送老人看病的时间和两个人的工作时间都冲突，他们就请邻居帮忙；孩子生病的时候，托比就在家工作；玛利亚需要接受行为治疗的时候，科林就利用调休的时间送她去。

每天都有新的挑战，每天都有让人措手不及的小插曲。有时候，一天下来什么都没做好，只好第二天重新来过。但多数时候，重要的问题都能得到圆满的解决，一家人乐观向上，协同配合，经历坎坷，继续前行。

积极的心态，加上邻里的帮助，还有家庭的团队协作，能够帮助我们渡过难关。

巴里手记

继父摔倒了几次，母亲又患了肺炎和小中风，我已经在医院急诊室的小隔间里待了好几个小时，精疲力竭，感觉糟糕极了。

抬眼望去，周围的一切都那么凄凉惨淡:继父被架子撑着，倚靠在病床上；监控器在边上闪着光，锃亮的金属杆上挂着几袋输液包和抗生素。头顶上刺眼的日光灯让我的脑袋完全麻木了。心里头七上八下，我逐渐变得焦躁不安，不时地往门那边看过去，巴望着那些穿着白大褂、表情严肃的医生能早点出现给继父看病，虽然每次他们问的问题都差不多，医嘱也大同小异。

在漫长的等待中，我迫切地找寻着希望。首先，希望家人没有大碍，那自然是好；其次，有了希望，我也能更坚定些。当时自己的处境和心态，我后来才算想明白：我只有两个选择，要么满脑子想着倒霉事情，然后变得更加焦虑不安;要么找寻希望，看到希望，相信人类具有与生俱来的情绪平复能力和愈合能力。

那究竟是什么让我选择了后者呢？是护士们赶走了我的焦虑。他们过来进行日常的临床评估工作，和病人说话的时候幽默风趣、轻松愉快。护士们还带了些御寒的毯子过来，在这沉闷又压抑的急诊室里，真正让人感到温暖的，不是毯子，而是他们身上闪耀着的人性的善良和温暖。他们亲切而友善地和病人交谈，认真听每一句话，浑身上下散发着活力和热情。我不禁看得入了神，忘记了心脏监护仪上不断变化的曲线和闪烁的数字，忘记了担忧。他们深深地感染了我。我不仅不能放弃，还要振作精神继续坚持下去。

所爱的人会怎样，这是看护者无法左右的事情，但是我们可以左右自己的心态。即使在最艰难的时刻，只要能注意到他人的优点，我们依然可以从他们的身上汲取力量。

第二十二章

尊 重

不要活在别人的期待中，而应该勇敢地做自己——自尊具有非同凡响的力量。

——琼·狄迪恩（Joan Didion）

接受自己能力有限的事实，富有同理心，真正做到尊重看护对象，才能在照顾好他们的同时照顾好自己。理解他们的需求和内心的矛盾，接受他们的优点和缺点，才会懂得他们的挣扎、痛苦和爱。让他们充分地保持尊严是对他们最好的认可。如此，双方的关系会更紧密，更亲昵，同时能提升看护者的自我价值感。

茱莉亚手记

父亲和我在超市里排队等着结账，我站在他后面，深深地吸了口气。

传送带上放了六罐啤酒，两盒曲奇。尽管也有蔬菜和肉类，但是看着那些啤酒和曲奇，我心里懊恼极了。我赶紧喘了口气，把已经到嘴边的话又逼着自己咽了回去。我和父亲一起把购物袋提到车上，然后送他回家。路上，父亲绘声绘色地说要用今天买的菜做营养健康餐，可我脑袋里想的全是他的二型糖尿病和进行性肾病。父亲明白哪些食物我允许他吃，哪些不允许，之前我跟他讲过许多次了。我到底有没有权力干涉父亲的生活方式？他该听我的吗？

我明确告诉过父亲我的想法，父亲也跟我说过他的考虑。他觉得自己已经比较节制了，还没糊涂呢，他有能力做出理智的判断。父亲认为，应该由他自己决定每天吃什么。父亲说的话，我记在心里。我也觉得在保证父亲安全健康的前提下，应该尽可能地让他按照自己的方式生活。

看护者应该进行适当的妥协，一方面确保被看护者的健康安全，一方面也要允许他们适度地掌控自己的生活。

凯塔和罗伯结婚之后，和他的家人相处得很愉快，跟她最合得来的人是罗伯的祖母。

凯塔也喜欢罗伯的父母和姐妹们，可她最爱的人还是祖母努娜。周末过去玩的时候，凯塔跟着祖母学做传统菜式，她兴高采烈地忙前忙后，开心极了。凯塔会很认真地把烹饪方法记下来，做菜的同时津津有味地听祖母讲她来美国之前在意大利的生活。虽然凯塔一家是从印度移民过来的，可祖母讲的意大利小镇的生活却能勾起她对印度的回忆。

后来，祖母突然被确诊得了肺癌，凯塔悲伤极了，她的痛苦不亚于其他家人。生活像是跟她开了个恶意的玩笑，告诉她祖母最多还能活几年。努娜明确地表达了自己的态度，不要化疗，也不要任何其他医疗手段的介入。罗伯和父母对此表示强烈反对，他们苦苦哀求努娜，希望她能听从医生的意见。但是努娜不为所动，坚持自己的看法。

于是，凯塔找机会单独和祖母谈论了此时事。努娜解释说，她一直很害怕医院和医生，她也不想忍受疼痛的折磨。深爱的丈夫五年前离开了，现在是时候过去跟他做伴了。祖母觉得，她这一生幸福又圆满，没有什么遗憾，也没什么好留恋的。祖母的一番话，让凯塔忍不住失声痛哭。凯塔告诉祖母，她能够理解她。祖母很感激凯塔，孙媳妇的理解对她而言，真的很重要。

凯塔把祖母的想法和感受告诉了家里的人。这回，尽管大家还是试图说服祖母接受治疗，但他们会把祖母自身的感受放在第一位，尊重她的意见。

陷入两难境地时，或许我们应该花点时间听听所爱的人的想法，给予他们应得的尊重。

波利总想在哥哥鲍勃和姐姐海伦面前证明自己的能力。

鲍勃和海伦都比波利大十几岁，以前还跟父母住一起的时候，他们就把波利当小妹妹。再加上母亲布兰达对波利一直比较娇惯，哥哥姐姐们更觉得她是个可爱但没什么自理能力的乖宝宝。

母亲布兰达在老家的时候，有次不小心从储藏室的楼梯上摔了下来，大腿骨和股骨头摔断了，波利就搬过去照顾她。鲍勃和海伦很高兴妹妹能帮忙，也很感激她。可是后来，当他们听说波利擅自动用母亲的钱来修缮老房子——把楼梯、屋顶和厨房都换了新的之后——两个人都怒不可遏。他们向母亲抱怨，波利花起她的钱来大手大脚、不知节俭，必须让波利赶紧停下来。

波利觉得很受伤。她觉得，自己这么做都是为了母亲考虑，哥哥和姐姐如此对待她实在不公平。不过，波利并没有冲他们发火，她决定主动联系他们，坦诚相待。她写了封信给哥哥姐姐们，罗列了房屋修缮的细节，并说明开销是合理的。她还邀请鲍勃和海伦亲自过来看看，修葺过后的老房子焕然一新。波利想让哥哥姐姐们知道，母亲有自己照顾，他们完全不用担心。

于是，鲍勃和海伦去探望了母亲。刚到的时候，他们一副冷冰冰的样子。但是，明眼人都看得见，现在的房子确实住起来更舒服，母亲的精神状态也比之前好多了。再加上波利也很热情，他们的态度缓和了许多。这下，哥哥和姐姐们终于明白，波利再也不是原来那个不懂事的小妹妹了。现在的她，小心细致，踏实可靠，体贴入微，是个贴心的好女儿。

照顾年事已高的父母，为同胞手足们提供了一个很好的机会，兄弟姐妹们可以重新定位角色，增进相互的理解和欣赏。

十二岁的詹妮尔看东西有重影，后来被医生诊断为多发性硬化。詹妮尔的母亲万分焦急，想要保护她，照顾她，

雪莉心里想，詹妮尔是自己的孩子，自己唯一的女儿。这时候，做母亲的应该多靠近女儿，照顾好女儿。可是，女儿居然拒绝了她的好意，这太出乎雪莉的意料了，也让她很失望，很沮丧。詹妮尔说，她不需要母亲陪着去看医生，也不希望她插手诊疗方案，而且，无论雪莉怎么央求，詹妮尔就是不肯搬回去住。她想充分保持自己的独立，证明自己是个有能力处理好健康危机的成年人。

起初，雪莉无法理解女儿的想法和动机，有一种被排斥的感觉。她向詹妮尔施压，要求女儿把具体的病情和医嘱告诉自己。可詹妮尔的态度异常坚定。她将心比心地对母亲说："我知道这样对你有点残忍。可我已经是个大人了，如果还让你帮我处理问题，那么这场跟疾病的斗争还没开始，我就已经输了。"

詹妮尔的这番话对雪莉造成了巨大的冲击，她对女儿的看法突然转变了。雪莉一向自认为是个聪明理智的人，可是女儿生病之后，自己却变得惊慌失措，反倒不如女儿沉着冷静。她会尊重女儿的意愿。更重要的是，现在她发自内心地欣赏女儿的成熟和果敢，并为她感到自豪。

疾病会改变家庭成员之间的关系。我们所爱的人在危难时刻表现出的勇敢和坚定，会让我们获得对他们全新的认识。

凯瑞的癌症第三次复发，这次是脊椎，她知道自己将不久于人世了。

凯瑞身体还好的时候，很想走出家门去看看外面的世界。所以，现在她的儿子女儿，媳妇女婿，连同孙辈、朋友，都极力劝她赶紧出去走走，想去哪儿就去哪儿。凯瑞对大家的好意一笑了之，结果他们还不死心，劝得更起劲了，他们都以为凯瑞只是需要更多的支持。大家都希望，凯瑞能圆满地走完剩下来的短暂旅程，他们还特意凑了些钱，用来资助她的出游计划。但其实凯瑞已经不再想去旅行了。

大家都这么盼望自己在所剩不多的日子里能够实现人生梦想，一开始让凯瑞觉得受宠若惊。可是，自己都说了不想去旅行了，大家的热情似乎丝毫未减，有人给她找来关于旅行的节目，还有人给她介绍信誉不错的旅游公司。最后，凯瑞不得不把家人和朋友召集起来。她先强调，请大家务必认真听她发言。接着，凯瑞解释说，其实自己的人生梦想已经有所变化。她原先确实一直很渴望出去旅行，可那已经是过去式了。现在这个节骨眼儿上，时日无多的凯瑞觉得，尽可能多地和自己所爱的人——也就是他们，待在一起才是至关重要的。

所有人都错愕不已，大家陷入了短暂的沉默。最后，凯瑞的家人和朋友都一致认为，应该支持她的想法。凯瑞的女儿含着泪向母亲解释说，其实大家都想要为她做点什么。凯瑞说她能够理解，也十分感激大家的好意。然后，凯瑞再次强调，她现在只想跟所爱的人度过生命最后的时光。相信这一次，在场的每个人都听得很清楚。

随着人生处境的变化，被看护者的需求和心愿也会跟着改变。用心倾听他们的渴求，尊重他们的意愿，才能最好地满足他们的需求。

第二十三章

回 报

能从内心深处替别人着想，照顾别人，这就是成功。

——玛雅·安吉罗（Maya Angelou）

敞开胸怀关心别人能够振奋我们的精神，能让生命的意义更加深刻，也能让我们变得更能干，更加有自信，甚至能够补救我们过去犯下的错误，从而让我们获得救赎。除此之外，关心别人所带来的自我蜕变，还让我们感受到自身的价值。我们所照顾的人总有离开的时候，但那些珍贵的经历和体验将永远镌刻在我们内心深处。

布鲁斯的母亲离世之后，他有些抑郁。

布鲁斯很清楚，他不仅仅是悲伤，因为他知道悲伤的感觉。照顾母亲的这七年，布鲁斯放弃了很多社交活动，也失去过晋升的机会，不过他心里并无怨言。把照顾母亲放在首要位置，这是他深思熟虑之后才做的决定。他认为自己做得很不错。布鲁斯的大部分时间都在照顾母亲，现在母亲离开了，布鲁斯怅然若失，失去了生活的方向。

照料母亲期间，布鲁斯学到了很多东西，像如何无微不至地照顾病人以及如何获得有效的支撑资源。无论是医院、康复中心、医生、疗法、医学评估，还是哪些社区机构有最好的设施等，布鲁斯都了如指掌。他有能力做好看护工作，并且从中获得了很多自信。照顾母亲让布鲁斯改变了很多。尽管他并不明了下一步该何去何从，但是他知道，自己应该做些有意义的事情。

一天，布鲁斯在当地的一家公立图书馆看到一份演讲传单。他忽然产生了一个想法：自己也可以做个演讲，内容就是关于照顾老年人的。于是他向图书馆的工作人员询问自己想法是否可行。工作人员觉得完全可以，然后他们约定好了日期。布鲁斯迫不及待地想和别人分享自己的知识和经验，让更多人受益。他对自己的演讲成竹在胸，他相信自己一定能帮助到别人。

看护工作能够让人生的意义更为深刻，同时能够提升看护者的能力和自信心，进而让个体更乐意帮助别人，并促进个体的积极成长。

有些得意又有些歉疚，蕾切尔把自己戏谑地称作家里的“害群之马”。

三个哥哥姐姐的人生都按部就班：十几岁时上学，二十几岁时谈恋爱，一直在为美好的未来打拼。可是蕾切尔却得忍受认知障碍和抑郁症的折磨，生活对她来说太难了。父母亲为她操碎了心，这让蕾切尔羞愧万分，心情十分压抑，觉得自己拖累了他们。于是，她离开家独自打拼。几年的时间，她四处漂泊，从一个城市辗转到另一个城市，大学读读停停，兼职打点零工，拿着很低的薪水，男朋友也换了好几个。蕾切尔觉得自己是个不折不扣的失败者，“辜负了父母的期望，我心里惭愧极了”，她经常把这句话挂在嘴边。

后来，一向精力充沛的父亲被确诊为转移性前列腺癌。得到消息，蕾切尔决定要回去照顾父亲。这个决定让全家人大吃一惊。“我要用行动证明我对家人的爱，还有，我已经是个成年人了，有能力做好这件事。”蕾切尔说。

起先父亲对蕾切尔的话半信半疑，担心她遇到困难就会半途而废。然而寡言少语的蕾切尔默默地坚持着——做饭，开车接送父亲，配合肿瘤医生的治疗安排。后来癌细胞扩散了，父亲疼痛难忍，蕾切尔就通过自己的行动和话语更用心、更努力地抚慰他。蕾切尔付出那么多，母亲十分感激，她的哥哥姐姐也不再像原来那样贬低她，把她当作麻烦鬼，而变得非常尊重她。

“我知道，无论如何，我不会永远担任这个角色。”蕾切尔说道，“但是我会竭尽全力地帮助父亲，其实这也是在帮助我自己。”

对于有些家庭成员来说，看护和照顾是一次救赎的好机会。无论是回报父母的恩情，延续家族的荣耀，还是发掘自己更多的能力，通过这些我们实现了自我的蜕变。

莎莉做过好多年执业治疗师，她跃跃欲试想要照顾母亲爱娃。她觉得自己一定能帮上忙，肯定会让母亲康复得更好。

母亲在医院住了一段时间之后，又去康复中心进行了辅助治疗，现在终于回家了。她的胳膊已经恢复了部分运动功能，语言能力也有所提高。莎莉打算让母亲继续进行康复治疗，让她接着锻炼。

然而，莎莉完全没料到母亲会如此抗拒，这让她非常不快。工作那么多年，病人有抵触情绪的她见多了，可万万没想到母亲也会这样。尤其开始的时候，每次锻炼母亲很快就会感到疲倦，总想中途放弃。她变得异常烦躁，要求停止康复练习，还说宁愿做点其他有趣的事情。最让莎莉感到惊讶的是，母亲居然会冲她发火，让她走，说想一个人待着。

为了敦促母亲坚持康复练习，莎莉干脆就把她当作自己的病人一样要求。首先，病人不能拒绝医生的指令；其次，每完成一项任务，病人就能得到奖励；最后，莎莉还十分卖力地鼓励母亲，就像啦啦队长一样。可结果呢，适得其反，母亲更加抵触了，完全不配合，什么都不肯做。灰心丧气的莎莉一筹莫展，忍不住哭了起来。

看来只能采取不同的策略了。她开始征询母亲的意见，什么时候训练，想做什么样的训练？她把主动权交给母亲。莎莉发现，给亲人做康复其实更复杂，自己得更细心，更体贴入微。这次，母亲的反应很迅速，她努力地训练，尽管很费劲，进步也比较缓慢，但母女俩还是觉得很欣慰。

照顾亲人是非常具有挑战性的工作。坚持不懈，经常反思过去的行为，懂得变通，那么无论对亲人还是自己，这样的照顾都会更有意义。

萨曼莎经常会带着自己炖的菜或者其他好吃的去拜访理查德兹太太。尽管每次等她开门都得等半天，但每当看到理查德兹太太探出头，露出灿烂的微笑时，萨曼莎很开心。

萨曼莎二十四岁的时候，母亲就去世了。现在五十三岁的萨曼莎是位空巢老人，而理查德兹太太的独生子住得很远。于是，萨曼莎干脆把理查德兹太太当作母亲看待。

她们俩既是朋友、知己，也是家人。萨曼莎已经养成了一个习惯，每当出门遇到平常买不到的好吃的时，比如农民自己种的熟透了的甜桃，也会给理查德兹太太带一些。她们结伴游览植物园，在公园漫步，或者一起看午后场电影。需要帮忙时，理查德兹太太会去找萨曼莎，而萨曼莎会跟理查德兹太太诉说对渐渐长大的孩子们的担心，对于未来的打算，还有对丈夫的不满。萨曼莎很乐意听理查德兹太太向她吐露心事。在一起的时候，她们会说说笑笑，聊些闲言碎语，讲讲别人的糗事。

萨曼莎和丈夫是几年前搬到理查德兹太太隔壁的，那时候她就盼望着能找个邻居做朋友。现在一切都如愿了。不过，萨曼莎从没想过会和一个比自己年长许多的人成了忘年交，而且相处得还那么愉快。

敞开心扉，关爱别人，也接受别人的关爱，才能与他人建立起紧密的关系，找到快乐和幸福。

最近几年，母亲的阿尔茨海默病情况越来越糟糕。每到自己生日这天，梅雷迪思都会觉得屋子里冷冷清清的，难免有些情绪低落。

以前，每年梅雷迪思过生日，母亲都大张旗鼓弄得热热闹闹的，可现在，她没法再忙前忙后了。生日那天，尽管梅雷迪思收到了不少电子邮件、生日卡和祝福短信，可终究没有人到家里来跟她一起庆祝，亲戚们都住得比较远，而朋友们因为梅雷迪思近年来多半时间都在照顾母亲便渐行渐远了。

几年前，梅雷迪思就决定改变自己的心态，不能让情绪一直低落下去了，得积极一点，做点什么才行。现在，梅雷迪思觉得过生日跟平常并没有多大的不同，一切都照旧。但是有一点除外，每逢生日，她一定会做点力所能及的事情，用自己小小的善举温暖别人。比如，去年生日那天，她去银行办事的时候为一对老夫妻拉门，并让他们排在自己前面，他们感激涕零。在杂货店买完东西，往停车场走的时候，梅雷迪思主动帮助一位女士把买好的东西放到后备厢，她非常感谢梅雷迪思。到家之后，梅雷迪思把刚买的花儿插到桌子上的花瓶里，母亲开心地笑了。梅雷迪思告诉母亲，今天是自己的生日。吃着精心准备的晚餐和店里买来的蛋糕，梅雷迪思和母亲一起给自己庆生。

母亲已经不记得梅雷迪思的生日了，但是通过帮助别人，梅雷迪思又重新找回了快乐，这让她感觉好极了。

情绪低落时，不妨将善意和关心传递给别人，而别人会用微笑和感激回报你的帮助，人与人之间的距离也会拉近，你的心情也会美丽很多。

第二十四章

奉献

有两样东西深深地震撼我的心灵：头顶灿烂的星空和心中崇高的道德。

——伊曼努尔·康德（Immanuel Kant）

为什么我们会心甘情愿地去照顾别人，从个人角度来说，除了责任、愧疚感和歉意，可能还会为了报答别人的恩情。奉献和牺牲谈何容易，可是当我们从中能够获得某种意义或价值感时，照顾和看护就会相对容易许多。我们的支持和慰藉能够让所爱的人继续活下去，这使我们的生命内涵更加丰富。照顾亲人会给我们带来很多回报，极大地丰富我们的人生，其影响是难以磨灭的。

“妈妈，你对我来说太重要了。”四十七岁的克莱尔这么安慰着哭泣的母亲。

母亲流泪不单单是因为自己患了中风，身体瘫痪，更多的是觉得惭愧，就这么一个女儿，现在自己还成了她的累赘。而克莱尔的这句话，所蕴含的情绪是非常丰富的：“妈妈，您含辛茹苦把我养大，付出了那么多，我由衷地感激您，现在是我报答您的时候了。无论您变成什么样，对我而言都意义非凡。”

照料亲人，不能只停留在把该做的做好，满足眼前的基本需求上，这会使照料失去了深层次的意义，看护者只会把被看护者当作负担，更别提能不能持续下去了。要想做好看护工作，我们应该以双方最初的关系为出发点，尽管这可能会有点麻烦。例如，所照顾的人在我们的生命中扮演了怎样的角色，他的性格好的一面如何，他会如何帮助别人，如果我们能时时不忘并且珍惜这些记忆，那么即使撇开责任心，我们仍旧愿意照顾他，因为情绪被唤起而产生的共鸣让我们内心充满了爱和使命感。我们为他所做的一切，都是在向他过去付出的艰辛努力致敬，与此同时，深受感染的我们也会呈现出自己最好的一面。

寻找曾经的记忆，把它烙在我们的脑海中，我们才会更有动力。日复一日的辛苦照顾和看护会慢慢磨灭我们最初的热情，让我们暂时忘记了往昔的美好回忆。那么，请退一步，把视角放大，纵贯一生，想一想，我们曾经从他那里得到了什么？如果没有他，会有现在的自己吗？

把看护工作当作报答恩情的一个好机会。照顾别人让两方的关系充满爱和圆满，让我们的生命更加丰富，而不是贫瘠。

妻子患了中风，卧床不起，一直是鲍勃在照顾，但他难免会有精疲力竭、想打退堂鼓的时候。

每天早晨醒来，一想到这一天要做的事情，鲍勃就开始犯愁：给她梳洗穿衣，喂她吃早饭；妻子爱干净，得按她的标准把屋子打扫一遍；晚上陪她看喜欢的电视节目。每天晚上，鲍勃躺到床上时，累得动都不想动，想到为了照顾妻子自己放弃了那么多，他也很烦恼——鲍勃原来是个成功的房地产经纪人，有很多好朋友，本来可以在星巴克一边喝咖啡一边惬意地看着杂志，悠闲自得。放弃原来的生活照顾妻子，没错，这个决定是鲍勃自己做的，可他也很怀念从前的舒坦日子。

是什么力量在支撑着鲍勃忍受生活如此巨大的落差？“我们结婚到现在，一直是她在细心地照顾我。”他说，“有段时间我酗酒，是她跑到酒吧把我拖回家，让我清醒过来。她对我那么好，是时候报答她了。”正是这段记忆和心中的歉疚之情给了鲍勃动力，让他在日复一日烦琐的看护工作中坚持下来。

当然，原因不止这一个。“她要有个什么万一，我心里会很内疚。”他说，“我不喜欢负罪的感觉。”鲍勃说这话时，脸上隐隐约约透露出痛苦的神情，似乎一想到妻子受苦受罪他心里也会跟着难受。

最后，还有个更简单的理由。“没人主动提出要照顾她。”鲍勃说，“她第一次婚姻养育的孩子也好，姐妹也好，都不愿意。只有我最在乎她。”事实摆在那儿，这对鲍勃意味着责任，并且他承担起了这个责任。鲍勃能够坚持照顾到现在，正是因为他有着强烈的使命感。

为了照顾好他人，我们可能需要做出牺牲并由此产生情绪，我们不应该对自己的负面情绪视而不见。为了照顾所爱的人而放弃生活的一部分，你为什么愿意这么做？我们必须在内心深处寻求合理的原因支持自己的选择。

克里斯蒂娜耗费了很多时间和精力照顾父亲，她的丈夫本有点不能接受。

本当然也希望岳父能好好的，过得舒舒服服的，可是另一方面他又觉得克里斯蒂娜投入得太多，以至于连婚姻都不顾了。本跟克里斯蒂娜提起这事的时候，她怒不可遏，认为丈夫一点也不理解自己。两个人满腹怨气，谁也不搭理谁，那天晚上他们分房而睡。

克里斯蒂娜打定主意，不让父亲住到养老院，很久之前她就跟父亲这么承诺过。以前自己日子过得艰难的时候，是父亲支持帮助她。现在，父亲身体不行了，离不开人的照料，但是脑袋却清楚得很。父亲住得离自己只有几分钟的车程，所以每天早上上班之前，克里斯蒂娜都会先到父亲那里。之后午饭时间，还有下班之后，她都会过去把父亲安顿好。克里斯蒂娜一点也不觉得麻烦，父亲对她很感激，而且也很配合，每次看到她都高兴极了。对克里斯蒂娜而言，回家和丈夫相处才是件累人的事情，本整天面露愠色，似乎对她哪里都不满意。

一天晚上，克里斯蒂娜让本坐到自己的身边，试着向他解释，为什么照顾父亲是件很重要的事情。坦白说，她很清楚这会给他们的婚姻带来怎样的影响。然后克里斯蒂娜请求本也帮帮忙，能不能抽出时间和自己一起去照顾父亲？或者克里斯蒂娜忙不开的时候就由本去？本思来想去，知道照顾岳父不容易，但也还是接受了，毕竟，他们目前生活的重心就是照顾岳父，这是无法改变的事实。帮着妻子跑前忙后是对妻子的支持，也是分担。克里斯蒂娜很感激丈夫对她的理解和帮助。她发誓以后丈夫需要时，她也会给予同样的支持。

照顾亲人难免要做出牺牲。互相支持，携手前行，人与人之间的关系会更紧密。

玛丽恩简直不相信，自己的运气怎么那么背。轮到她照顾母亲的那个周末，刚好有场精彩的音乐会和海滩派对，现在有票却去不了。

没办法，轮到她就是她。玛丽恩的姐姐——家里孩子还小，离不开人——已经陪了母亲两个周末了。玛丽恩家里倒是没什么可牵挂的，不过为了陪母亲而错过那些好玩的活动，她可不太情愿。但是母亲患有转移性黑色素瘤，必须得有人在跟前。玛丽恩心想，这个周末肯定无聊透了。

心情郁闷的玛丽恩只好谢绝了邀请，去了母亲那里。她带了个 MP3，里面塞满了音乐，还带了些时尚杂志，母亲睡觉的时候好打发时间。这样总不至于太无聊吧。

玛丽恩没想到的是，母亲看见她喜出望外。母亲精力有点不济，过一会儿就得打个盹，但她很乐意玛丽恩坐在她身边，母女俩一起听听音乐，看看杂志。两天时间，她们说说笑笑觉得亲昵极了。玛丽恩一边听音乐，一边给母亲涂指甲油，MP3 里放的刚好是她没能去成的那场演唱会上一个乐队的歌曲。

母亲离开很久之后，玛丽恩仍旧会想起那个周末，感恩之情和浓浓的爱在心中涌动，泪水不禁湿了眼眶。还好，她没有错过。

放弃自己的心愿，去满足亲人的期盼和渴望，我们会得到永恒而无价的瑰宝。

唐纳德从小到大都是个不省心的孩子。兄弟姐妹们都很听话，只有他，离家出走，辍学，弄得警察半夜来敲门，让父母操碎了心。长大之后，兄弟姐妹们都搬到了其他城市，只有唐纳德没有离开家乡。

长大后的唐纳德跟小时候可不一样了，现在的他正派而诚实。以前那么离经叛道，让父母吃了许多苦头，唐纳德深深地感到愧疚。其实，父母早就原谅他了，而且看到儿子正直有为，他们一直悬着的心也放了下来。

母亲得了阿尔茨海默病，父亲一个人照顾不过来，这时候，唐纳德成了父亲的坚强后盾，父亲让做什么就做什么。以前母亲做的家务活，他揽了过来；父亲出门会朋友或看球赛就由他陪着母亲；他还带着父母去看医生。唐纳德还负责做饭，每次吃完，把吃剩的食物打包好，这样第二天父母热一下就可以吃了。唐纳德是一名机械师，眼下两边他还能应付得来。他削减了工时，另外，老板知道了他父母的状况后，允许他弹性工作。可随着母亲的状态越来越差，父亲需要更多帮助，唐纳德开始担心，怕自己最后不得不辞掉这份工作。

母亲的病情让唐纳德很难过却又无能为力，但同时他也感受到了幸福，幸福得眼睛里噙满热泪，因为他终于有机会报答父母了。现在，他陪伴在父母的身边，就像小时候父母站在他的身边一样，不抛弃，不放弃。为了父母，他愿意牺牲自己照顾他们，这是这辈子最重要也最有意义的事情。

一旦领悟到看护工作深层次的意义后，我们对自己所做的牺牲将无怨无悔，因为我们明白，在给别人带来慰藉和喜悦的同时，我们自己的内心也会觉得幸福、祥和。

第二十五章

寻求社区的支持

交流和沟通才能产生社区——它促进了彼此的理解，拉近了关系，让大家重视对方的价值。

——罗洛·梅（Rollo May）

通常情况下，看护者宁愿一个人承担所有的辛苦，然而，是否应该如此？跟我们有相同境遇的人，能够更好地理解其中的付出、艰辛和痛楚，并且，看护者们在社区中能够得到他人的肯定和支持，相互之间能建立情感的联结。在社区中，我们还能找到与自己志同道合，观念一致的人，大家一起分享经验，共同成长。我们如释重负，欢欣鼓舞——原来自己不是一个人在战斗。

起初，查尔斯参加看护互助团体的活动只是为了让妻子开心。

有那么几次，妻子在留言条上给他写了互助团体下一次集会的具体时间和地点。查尔斯知道妻子为什么想让他去。父亲患帕金森病之后，一直是查尔斯在照顾他。随着父亲病情的加重，看护工作也越来越难，查尔斯有点力不从心。父亲从来都不是一个和善、有耐心的人，没患病的时候脾气就不太好，现在越来越暴躁，尤其是会冲查尔斯发火。

最后，查尔斯听从了妻子的建议。那天晚上，互助团体在医院的一间房里举行活动。查尔斯进去之后，看到里面人并不太多，大家一边喝咖啡，一边吃着曲奇饼干。于是，查尔斯也倒了杯咖啡，拿了几块饼干。接着，大家都坐了下来，这时候有几个人跟他打招呼，欢迎他。他们先听一些老成员聊了自己近期的感受，每个人似乎都有自己的困难和苦衷。接着，等其他几名新成员诉说完之后，年轻的女主持人问查尔斯要不要发言。查尔斯深吸了一口气，看着一屋子的陌生人，把自己和父亲相处的问题告诉了大家。

所有人都认真地听查尔斯讲完，然后鼓励他，给他加油打气。有几个人跟查尔斯的经历很相似，大家好像都能理解他，没有人对他指手画脚或者急着出谋划策。对此，查尔斯非常感激。活动结束了，查尔斯正要走出门，有个人拍了拍他的肩膀说:“希望下次还能看见你。”查尔斯心里想:“会的，下次我还会来的。”

其他的看护者或许和我们有相似的经历，和他们分享自己的故事，获得别人的理解和情感的共鸣，我们的内心也会觉得宽慰而更加充满力量。

鲍勃的妻子朵拉，记性一直不太好。结婚这么多年了，鲍勃总是喜欢拿这个跟她开玩笑。

妻子最近越来越糊涂，越来越容易忘事。她会忘记关灯或者让前门一直大开着。有次做完饭她忘记关煤气灶，火开到最大空烧了几个小时，幸好被他发现了。那一次可把鲍勃吓坏了。从那之后，鲍勃密切留心妻子的一举一动，朵拉做完什么事他都要再检查一遍。可是，情况还是越变越坏。

女儿们说要回来探望他们，就在她们快要到的时候，鲍勃发现朵拉穿了件极不合身的花里胡哨的衬衣，大概大了两个码的样子，腿上却什么也没穿，光溜溜的。脸就更加惨不忍睹了，妆浓得像马戏团的小丑。鲍勃简直不敢相信自己的眼睛，妻子现在的样子跟刚结婚时比简直判若两人。他赶紧帮她卸妆，弄干净之后，再帮她换上得体的衣服。鲍勃可不想让女儿们担心，她们已经够忙了。

实际上，女儿们这趟来就是想看看父亲需不需要她们的帮助。母亲记性越来越差，单凭父亲一人，恐怕忙不过来，这些女儿们都看在眼里。但鲍勃对此却毫不知情。女儿们到了之后，征询父亲的意见，她们打算请人帮忙照顾母亲，不知道他是否同意。这样一来，父亲能有点自己的时间，母亲也多了个伴。至于去哪能找到大家都满意的看护，这样的事情可以交给她们去做。鲍勃起初反对女儿的提议，坚持要一个人照顾。不过，最后虽说有些不情愿，鲍勃还是答应了女儿们的请求，决定先试试再说。

日子这么一天天过着，照料妻子变得越来越艰辛。鲍勃很庆幸有看护轮换照顾，这样每天自己能有几个小时的时间稍事喘息，并且鲍勃还多了个能说话的人。多亏了短暂的休息时间，鲍勃才能为持久的看护工作养精蓄锐。

让别人帮着一起照顾所爱的人，我们才能恢复活力，重振精神。而且，多一个人理解我们，支持我们，这是大有裨益的。

唐娜每次听到女儿的医生建议她去参加互助团体，心里都很反感。

唐娜自己也承认，照顾患有自闭症的小孩子有时候真不容易。不过这并不意味着她需要别人的支持。唐娜觉得自己可以应付得来，陪伴女儿的过程让她很快乐，一点没觉得是种折磨。

唐娜从小到大都不喜欢参加各种社团——无论是小时候当女童子军，中学时参与筹划舞会，还是后来领导街区协会，都让她觉得不自在。后来，有一次有人请她帮忙组织一次为女儿学校的同学们筹款购买语言疗法练习册的活动，唐娜虽然心里有些勉强，但还是先应承下来，因为她觉得这个活动意义很特别。筹备工作的第一次会议上，唐娜坐在一边，以听为主。大家的讨论主要集中在采用什么策略才能成功地在社区开展筹款工作。休息间隙的谈话中，唐娜得知在场的很多妈妈都有着跟自己相似的经历和感受——大家都深深地爱着孩子，会灰心丧气，也会因为大众对自闭症不甚了解而感到愤愤不平。

经过第一次会议，唐娜变得更加积极，也更为健谈了。别人依旧会对她评头论足，她也仍然会沮丧，但现在她能处理得更加游刃有余了。第二次会议上，唐娜得到了大家的认可，她收到了正面的反馈。参加互助团体或许并不适合唐娜，不过和自己境遇相似的人同心协力，为一项重要的事业奔走呼号，她倒是很喜欢。募捐活动最后很成功，唐娜觉得很自豪。打那以后，再有为自闭症孩子们的教育出策出力的机会时，唐娜都会积极主动地参与其中。

并不是每个人都愿意在互助团体谈论自己的私人问题。有时候，为某项共同的事业齐心协力，并肩前行，也能让人和人之间关系更紧密。

艾略特三十岁，他的伴侣雪瑞丝二十六岁，两个人在一起已经很多年了。艾略特爱雪瑞丝，但是每天照料雪瑞丝，他也有心烦的时候。

雪瑞丝四年前遭遇了一场严重的车祸，脊柱受伤，造成腰部以下半身瘫痪。每天早上，艾略特得先帮助她上厕所、梳洗、穿好衣服，之后自己再爬进货车驾驶室开始一天漫长的工作。他烦透了这些日常琐事，经常觉得自己孤苦伶仃很可怜，认识的人里面没有谁像他一样这么年轻就得面对如此艰辛的生活。艾略特每天开车时都心事重重，愁眉不展，担心两个人的未来。

见艾略特这副样子，雪瑞丝也很发愁。她接受康复治疗的医院里刚好有个互助团体，她问丈夫要不要去参加。艾略特婉言拒绝了她的建议，让他在那么多人面前吐露心事，实在难以启齿。但艾略特随即匿名在网上寻找互助资源，这样他既能得到别人的支持，又不会因为暴露隐私而觉得尴尬。

艾略特开始浏览看护者行动联盟的网站论坛，那里面汇集了全国各地看护者提出的问题和相关的答复，林林总总，关于心理倦怠的、抑郁的、挫折感的全都有。在家庭照护者联盟以及配偶照护协会的网站上，他找到了由这两个组织所运作的电话支援团队的号码，加入了进去，并且定期通过电话收听其他成员的谈话。在这里，他找到了共鸣，不再感到孤单。

艾略特仍旧没打算向别人吐露自己的困扰。有一天，一位看护者在团队中询问购买轮椅的注意事项，艾略特决定回复他，并把自己的经验告诉他。尽管艾略特没有向对方提及自己的情况，或者吐露心事，但收到对方的感谢，他仍然开心极了。艾略特迈出了他的第一步，加入到更大的社区中去，总有一天，他不仅可以向别人提供帮助，也可以开口请求帮助。

家庭照护者向他人寻求支持的方式有很多。彼此熟悉之后，大家互相扶持，既可以分享实用的经验，也能够在心灵上产生共鸣。

史蒂夫牧师让米亚姆参加教堂帮扶老年教徒的团体，这让她迷惑不解。

米亚姆很乐于助人，平常为年老体弱的教徒们准备些吃食，她觉得很快乐。最近，米亚姆的丈夫因为充血性心力衰竭进了几次医院，这弄得她分身乏术，心力交瘁。可史蒂夫牧师居然这时候让她去教堂帮助更多的人，这也太让人感到意外了，毕竟史蒂夫牧师了解她的情况，还曾对她表示了关心。

米亚姆参加了第一次组织筹备会之后就明白了史蒂夫牧师的良苦用心。十几个看起来跟米亚姆处境相似的中年女性，在教堂的地下室围坐成一个圈。有些人米亚姆认识，因为之前一起参加过主日敬拜，或者在其他教堂见到过，她们都是友爱又善良的人。还有些人米亚姆是第一次碰面，她们家里也都有需要照料的人，年迈的父母或者身体残疾的丈夫。在座的所有人似乎都认为，照顾亲人让她们的人生更有价值，更有意义，让心灵变得更充实和富足。

接下来的几个月，团体成员每周都会碰头，一起准备食物，然后送到老年人的家里，米亚姆觉得和她们的感情愈来愈深厚，肩并肩忙碌的同时，大家互相讲述自己的故事。接受她们送饭的教徒多半都是寡居的老妇人。回教堂的路上，好多成员对目前的生活表达了感恩之情，至少她们还有家，还有丈夫或者父母可以照顾。

米亚姆深有同感。每天早晨醒来，看到丈夫还在身边，米亚姆觉得这是上帝给她的恩赐。米亚姆明白史蒂夫牧师的用心良苦，她很庆幸能加入这个团体，她们既是朋友，也是战友，互相支持，携手并进，将善行继续。

志同道合的伙伴能让我们精神振奋，倍受鼓舞。

第二十六章

压力管理

医生的宝典里有两样灵丹妙药：一个是开怀大笑，一个是睡个好觉。

——爱尔兰谚语

长期照料亲人会给看护者带来一些消极的情绪。令人措手不及的危急状况，懊恼和沮丧，看到挚爱的人受病痛折磨或离我们而去自己却无能为力，以上种种会渐渐消磨我们的意志和精神。正念冥想，有规律的运动，良好的睡眠习惯，还有创造性的艺术活动，可以让我们恢复元气和活力。利用一些时间进行冥想或者通过艺术表达情绪，能够使我们重振精神，以更饱满的热情面对新的挑战。

正念松弛法需要不断的练习。

将一种行为变成习惯，慢慢你就会得心应手，这对我们大有裨益。正念松弛可以让人身心放松，从而更加理性地看待生活，更好地和周围的环境相融合，并且更有效地应对压力。找一把舒服的椅子坐下来，闭上眼睛，赶走大脑中的一切念头，什么也不要想，专注于自己的呼吸。无论是责任、人际关系，还是杂七杂八的事情，只要一出现在大脑中，就将它们清除出去，然后继续把注意力集中于呼吸。保持这样的状态。不能走神，保持专注。感觉各种各样的杂念随着吸气呼气而离开。保持呼吸。

每天只需要十五分钟，正念放松就可以让你的生活大不相同。随着呼吸，心跳减缓，血压降低，大脑变得清明，心情也会平和下来。坚持练习正念松弛法，达到一定程度之后，你会发现，面对压力你能做到镇定自若、泰然处之。想以正念的方式生活，第一步就是每天给自己留些时间呼吸冥想。

每天花点时间进行正念放松，才能让自己安静下来，为接下来的一天做好准备。

弗洛伦斯的风湿科医生督促她每天都要走一走，活动活动，好缓解纤维肌痛。以前，弗洛伦斯的丈夫文斯经常陪着她一起散步。

正是因为如此，夫妻俩身材都保持得不错。散步的同时还能悠闲地聊一聊未来的生活，他们每次都会聊很长时间。可是自从关节炎引发膝盖肿大之后，弗洛伦斯就没法步行太远了，于是文斯也不去散步了。他不希望妻子因为两人身体状况的反差而觉得失落、不开心。他们只能待在家里，要么看电视，要么用电脑玩纸牌游戏打发时间。

这时候文斯的医生说，如果想要照顾好弗洛伦斯，他必须坚持锻炼身体，保持健康。医生跟他解释说，随着年龄的增长，身体势必跟着衰老，而有氧运动可以保持肌张力和骨密度，同时保持大脑的敏锐。

文斯觉得医生的建议很好，但他并没有立刻按照医生的叮嘱去做。自己出去散步把弗洛伦斯一个人扔在家里，一想到这，文斯就觉得很愧疚。但他还是把医生的建议告诉了弗洛伦斯。没想到妻子听了之后，非常支持："没有人比我更清楚散步对身体的好处了。"弗洛伦斯还想了个对策，丈夫出去散步的时候，她就邀请邻居或者朋友过来玩。

于是文斯启动了他的走路健身计划，每周两次，并逐渐增加散步的路程。每次回到家之后，他会给弗洛伦斯看他这一路上用手机拍下来的照片：树上的花朵、漂亮的房屋。他觉得运动确实让他变得更强壮，精神也更放松了。每次散步过后，文斯心情豁然开朗，照料弗洛伦斯也更有力量和热情。散步对夫妻双方都有益，真是一举两得。

体育运动对看护者的身心都有好处，更加充沛的体力和复原力值得我们付出时间和精力。

巴里手记

灰心丧气的时候，有很多方式可以排解情绪，无论是砍木头还是打高尔夫。

而我喜欢写作。虽然用不着使出打高尔夫的气力敲键盘，但是我希望我的文字是有分量的，足以表达我的感受。打开电脑，点开看护日志，让情感和意识从身体里喷涌而出，穿过我的手指，然后记录在电脑中。和母亲一起在医生办公室等了几个钟头后心中的愤怒，家庭护理工善意的举动给我留下的深深感动，继父茫然的凝视带给我的莫名的悲伤，这些情感我全都记了下来。有时候写十分钟，有时候十五分钟或者半小时，写完之后，我感觉平静多了，也更加从容淡定了。

写作对管理压力的好处不仅仅是因为它提供了情感宣泄的通道。我可以很容易地冲着妻子大吼大叫，或在院子高声呐喊来宣泄情感。而写作以一种我以日后可以轻松回顾的形式捕捉到我的感觉，能让我多角度地了解自己和家庭生活的变化。当然，我会等待。一般而言，少则几周，多则几个月，我才会回头重新浏览之前写的日志。有时候我会反问自己，何苦当时要大动干戈，耐心一点不是更好吗？有时候又不禁感慨，很多事在眼皮底下发生，但还没等我回过神来，已然时过境迁。我对自身的优点和缺点获得了更深入的认识，同时认识到自己作为看护者的长处和不足。通过反思，我不断地学习、成长，成为更好的人。

一些看护日志的专家，比如B. 林恩·古德温以及马杰里·帕布斯特认为，定期记录日志，哪怕短一些也没关系，对于看护者很有帮助。他们还建议，写作时不要带着自我批评的态度，记录就好。任何经历和情感都不会无关紧要，都应该将它记载下来。

当所爱的人离开，不再需要你的照料时，这些文字会是你最值得珍藏的私人记录，它记载了那些艰难而又充实的岁月。

写作是我们克服逆境和挫折的重要工具。借助文字，定期记录看护的经历，我们可以获得新的视角和慧见。

劳累了一天，睡眠能帮助我们去除紧张和压力，恢复体力。

睡眠也能促进我们的免疫系统更高效地工作，清除大脑中的毒素，提高记忆力。睡眠是人类实现自我修复的一个重要手段。

遗憾的是，许多看护者的睡眠都不太好。白天，无暇考虑很多事情，于是担心和焦虑总会在夜深人静的时候涌上心头。睡眠好的人能一觉睡到天明，睡眠不好的人也能一夜合不上眼。第二天疲惫万分，烦躁易怒，还得尽力照顾亲人。久而久之，一到睡觉时间心里就发怵，就怕躺下了会胡思乱想，焦虑不安。这种恶性循环应当引起大家的关注。

如果你的睡眠有问题，总睡不踏实的话，我们的建议如下：

1. 做一次全面的身体检查，并告知主诊医生你的睡眠问题。
2. 晚上不要饮酒。
3. 睡前几个小时内最好不要进食。
4. 下午三点过后不要饮用任何含有咖啡因的饮品。
5. 卧室保持凉爽，光线比较昏暗。
6. 睡前半个小时内尽量不要用电子产品。
7. 白天进行体育锻炼。
8. 每天晚上按时睡觉。
9. 每天早晨按时起床。

10. 睡前不要看新闻节目。

11. 晚上尽量不要打电话，除非谈话有缓和镇静效果。

12. 不要整晚开着电视。

13. 上床之前，有段过渡放松时间。

14. 上床时间最好做些身体拉伸动作。

15. 上床时间可以听一些轻松的音乐。

16. 或者听一段带有语音指导的录音，根据指导构建画面。

17. 在枕头上滴一滴薰衣草精油。

18. 专注于呼吸，放空头脑。

抽些时间进行自我修复，可以改善睡眠，从而获得充分的休息。

巴里手记

一个人要做那么多事情，焦头烂额，这时候我会闭上眼睛，静坐几分钟，让脑海中浮现一片蔚蓝的湖面。

我想象自己站在湖边，一阵风吹过来，湖面上荡起层层涟漪。太阳照射在湖水上，闪烁着淡淡的微光。波光粼粼，仿佛能量在流淌。鱼儿跃出水面，又落回水中。鸭子们拍打着水面，一会儿又钻进水里。燕子轻盈地掠过湖面。蜻蜓在柳树枝条间飞舞。

画面让我的思绪回到了从前，那时候爸爸还没有患上癌症，他会带我到湖边，教我怎么打水漂——五下，六下——敲击水面。我好像还能听到尼龙鱼线从水滴轮飞出去的呼啸声。我弯下腰，运动鞋在潮湿的石头上直打滑，拢起两只手在浅滩处捉小毛鱼。狂风大作的天气，我还会撑着"太阳鱼"号小帆船出海。

无论是回忆中的画面，还是脑海中浮现的湖面，都让我身临其境，我仿佛真的能感受到迎面吹来的微风，夹着一丝水汽，凉飕飕的。接下来的一天，我依然要面对琐碎而又现实的生活，但此刻我的脚步却轻盈了许多。

通过构建画面，我们可以将注意力从眼前的困难中抽离出来，借助想象的画面恢复元气和活力。选择你最喜欢的人生场景，时不时地回顾一下。

玛利亚对家庭全心全意地付出，问心无愧。丈夫患有多发性硬化症，很难伺候，还有三个年幼的孩子和上了岁数的母亲，都是她一个人在操持。

但在他们家有件事情是雷打不动，玛利亚每周一定要做的，也是全家人都支持的。那就是每周六下午一点钟，玛利亚会到楼上那间由闲置的卧室改造而成的画室里，然后锁上门。接下来的一个钟头，玛利亚会拿起画笔，动作轻柔地画下她记忆中的海滩、森林、蜿蜒的山路和美丽的花园。

“有时候我能听到丈夫在楼下喊我。”她说，“或者孩子们会跑来敲门，不知道又要什么东西。但是我坚决不会开门，这一个小时是属于我自己的，不想被人打扰。”

一个钟头足以让她平复下来。细腻而柔软的笔刷在蓝色、黄色和棕色交织的色彩中轻轻涂抹，玛利亚如此专注，以至于暂时忘却了生活的烦恼、家人的需求。通过画笔下的田园风光，玛利亚感受着自然世界的美，这是她平日里无法体验到的，此时的她不必想着帮丈夫洗澡、洗不完的餐具和让她大伤脑筋的保险单。此时此刻，画画把玛利亚从看护工作中解脱出来，让她得以喘息片刻。现在，她内心明亮，身形挺拔。之后，玛利亚把颜料收拾好走了出去。

“我走下楼去，心里想着自己的责任，又重新焕发出热情。”玛利亚说道，“这股热情足够支撑我到下个周六了。”

要提醒自己，我们不仅仅是家庭的一分子，我们首先是独立的个体，我们的生命也需要滋养。我们必须给自己留出时间有规律地、充满热情地享受生活，反思生活。

第二十七章

相信直觉

相信自己：每个人的内心都有根强劲的弦，你会随着它而搏动。

——拉尔夫·瓦尔多·艾默生（Ralph Waldo Emerson）

对于挚爱的人，给他们什么才是最好的？对于这个问题的答案，我们并不确定。给他们尽可能多的自主权，同时还要保障他们的安全和健康。虽然有很多医护人员、朋友和亲戚出于好意帮着出谋划策，但是，最终我们必须凭借自己的直觉做出判断。有时候，我们单方面认为自己做得不够多不够好；有时候，即使不赞成也得由着他们。虽然能力有限，但我们尽心尽力，希望能做出最好的决定。

巴里手记

母亲一直在同慢性疼痛和认知功能衰退抗争。继父过世之后，母亲想自己独立生活，于是，我还是让她一个人住在老房子里。

但有时候我还是担心她的安危，很多事情母亲认为自己能应付得来，而我可不那么想。

吃药是个很令人头疼的问题。她想自己整理药盒、安排用药，但好多次我发现她把药弄错了，我告诉她这样会导致药物过量。于是，她才接受由我来安排她用药。拐棍也是个麻烦。母亲觉得自己根本不需要拐棍，拄在手里看起来真是太好笑了。她经常不拄拐棍就在房间里四处走动，结果摔了几次跟头受了伤才肯拄着拐杖走路。

不过最大的麻烦还是看护。母亲认为雇个人照顾她起床，给她做饭，带她去看医生，简直是多此一举。她觉得我们把她当三岁小孩，觉得这样她连隐私都无法保证。每次只要我跟母亲提起让看护多待些时间，因为她确实需要更多的帮助，她就大为光火，坚决反对。可其实最后，大多数看护她都挺喜欢，也很享受他们的陪伴。

每次和母亲对峙的时候，看她一副坚决不让步的样子，我又不得不想，自己究竟是在做出理智的选择，还是小心谨慎过了头？但是我别无选择，我必须相信自己的判断并坚持自己的判断，这是出于对母亲健康安危的考虑，也只有这样母亲才能活得更好。庆幸的是，在看护的帮助下，母亲一个人过得也还不错。

对于照顾至亲的看护者来说，反对亲人的决定并不是件容易事。归根结底，我们还是得相信自己的直觉，适当地小心谨慎才能确保亲人的安全和健康。

安德里亚和她的哥哥拉里都明白父亲想要维持他的男子汉形象。

父亲身材高大，不卑不亢，是个好父亲。这些年来，父亲经营着一家建筑公司，他坚强果敢，一点不怕那些流氓混混，生意做得红红火火。这幢房子是父亲凭借着勤劳的双手建起来的。七年前，母亲去世时，他没有表现出半点要离开的念头。可现在，什么事情都要亲力亲为的父亲却摇摇欲坠，这话一点都不夸张，因为患有类风湿性关节炎，如今父亲走路变得踉踉跄跄。他拖着双脚，经常被磨旧了的地毯或椅子腿绊倒，并因此而受伤。

怎样才能帮助父亲，让他不受伤？跟他讲道理是不管用的，父亲固执地挥挥手，还把兄妹俩当作小孩子。他们也确实既没那个胆量，也没那个本事让父亲搬出老房子。兄妹俩必须接受父亲坚定的立场——只要条件允许，他一定会按照自己的方式生活，决不允许别人插手。

“父亲可真是顽固。”安德里亚说道。“我也觉得他听不进别人的意见。”拉里皱着眉头，附和道。兄妹俩做不了什么，只能接受父亲的选择，帮他过上他想要的生活。因为母亲生前一直想把老房子重新装修一下，他们好说歹说说服父亲，购置了新的地毯，把家具挪到角落，这样就不容易被绊倒了。

对于儿女来说，接受这样的父母又谈何容易？安德里亚和拉里是遂了父亲的愿，可他仍然会摔跤，尽管他从不诉苦，可是眼看着父亲受伤的兄妹俩，却不得不忍受内心的煎熬。

为了避免内疚和不安，看护者往往会用尽一切办法，确保看护对象的安全。我们的看护行为有一个界限，那就是不能伤及被看护者的尊严。我们必须接受这样的界限，剩下的只能顺其自然了。

那天晚饭过后，大家开始收拾餐桌洗刷碗碟，刚被确诊患有阿尔茨海默病的爷爷拉里把伊凡叫到客厅。

爷爷拉里坐在他最喜欢的棕色皮椅上，示意伊凡坐到紧挨着的双人沙发上，他说要给伊凡讲个故事。伊凡很喜欢听爷爷给他讲朝鲜战争时的经历或是祖辈间的事情。

这次爷爷讲的是朝鲜战争。他说起他和一个挚友的相识经历，那时候他们俩还是年轻的士兵，按上级的指示，在一个大雨如注的夜晚一起站岗。和以往一样，伊凡听得津津有味，对爷爷年轻时候的了解又多了一分。伊凡很感激爷爷，抬头却看到爷爷紧蹙着眉头。爷爷埋下头去，一副窘迫的样子，他坦白地告诉伊凡，因为阿尔茨海默病的缘故，他很快就要记不起这些故事了。

伊凡一下子怔住了，不知道如何回答。不出意外的话，结果会如爷爷料想的一样可怕却又躲不过去。伊凡那么爱爷爷，该怎么安慰他呢？幸好，伊凡相信了自己的直觉。伊凡告诉爷爷自己的真实感受，他非常喜欢爷爷这么多年来讲的故事，能了解爷爷那些奇妙的经历他开心极了。慢慢地，爷爷抬起头来，充满笑意地看着孙子，接着讲起了另一个故事。

有时候我们不知道跟患病的亲人说些什么好。但是只要相信自己的直觉，遵循自己的内心，真诚地说出感受，所照顾的人就一定能感受到我们的爱。

莎莉的儿子安东，生下来就因为脑瘫而有严重的生理缺陷。医生、护士、邻居，还有亲戚们的建议不请自来，对莎莉进行轮番轰炸。

或许是因为莎莉年纪太大且之前没有生育过，也可能是因为儿子的生理缺陷实在太严重，医学专家说安东很可能终身都无法走路，劝莎莉将来应该把他安置到儿童福利机构。大家的建议，莎莉都很有耐心地听完。

然而莎莉内心坚信，儿子一定会好起来的。她很肯定，自己也会好起来的。儿子还小的时候，她就尽可能地向医疗专家学习，尤其是向专业的语言治疗师和物理治疗师学习促进儿子生长发育的方法。同时，她也学会了根据自己的判断进行甄选，哪些建议值得一试，什么时候操作更合适。专家们确实在自己所擅长的领域颇有心得，但莎莉觉得，最了解安东的首席专家是自己这个当母亲的。

几年过去了，安东用他的行动驳斥了专家们的预测，现在他可以拄着拐杖自己走路了。莎莉伴在儿子的身边，作为坚强的后盾，自豪而又骄傲。她知道，仍旧有些人质疑安东的能力，当然也质疑她的能力。但无论如何，她和安东会勇往直前。

没有人会比我们更了解自己的家人以及家人的需要，我们的笃定和决心驱使着所爱的人一路向前。

让母亲搬家是不是个错误的决定？肯特无数次在夜半时分醒来，忧心忡忡地回想着做这个决定之前所发生的事情。

大概四个月前，母亲妮拉接连摔倒了三次，最后一次腿摔断了，还住进了医院。肯特认定母亲再一个人住太不安全，督促她赶紧搬去附近的一家有辅助看护的养老院。母亲一直很反对这个主意，说还没有做好心理准备。几个月后，她终于听从了大儿子的建议搬进了养老院。

然而，现在每次肯特去探望母亲，总看到她无精打采，眼神落寞，不禁怀疑自己的判断。母亲已经搬过来六个月了，仍旧没有适应新的环境和新的生活。他恳求母亲参加养老院的健身团体，交些新的朋友，可是母亲多半时候还是一个人待在自己的小房间里。要不是老房子已经卖掉了，肯特说不定会让母亲再搬回去住。

不过肯特也注意到一些其他的细节，验证了他的决定也不是一无是处。母亲妮拉的思维和行动越来越迟缓，肯特已经好几次接到养老院的电话，说母亲在餐厅摔倒了。母亲有时候会把白天服用和夜晚服用的药物弄混，肯特就请护士帮忙给母亲准备药物。虽然母亲一直觉得自己的状况很好不需要帮助，但是肯特现在比任何时候都更加确信，母亲的的确确离不开辅助看护。

再看到母亲忧伤的面容时，肯特会这么想，母亲感到悲伤不是因为离开了老房子，而是因为自己岁数大了，身体也不行了。虽然他心里也很难过，但肯特知道，这是他能做的最好的决定，让母亲在余下的日子里，能平平安安地好好生活下去。

纵然不够圆满，不够理想，有时候我们也不得不为年迈的父母做出艰难的抉择。与父母的想法不完全一致时，我们必须从安全问题和生活方式两方面多加权衡，再做出好的判断。

第二十八章

道德导向

一个人的抉择，而非他的言语，反映出他的哲学观……而他做出的抉择最终都会成为肩上的责任。

——埃莉诺·罗斯福（Eleanor Roosevelt）

照料亲人给我们带来巨大的满足感，比如，我们能忠于内心的道德价值观，并为此感到欣慰。照顾好亲人仿佛是我们天生就要做的事情，它和我们内心的荣誉感、正义感、善良的本性产生强烈的共鸣。我们在照料别人的过程中成长，付出爱，变得宽容，富有奉献精神和慈悲心。同时，我们的内心逐渐变得平和自然，并且这个状态会一直持续下去。

比阿特丽斯每天早晨醒来，先深呼吸，然后在心里暗暗发誓，对患有阿尔茨海默病的母亲一定要有耐心，不能发火。

然而每当一天将要结束的时候，她总是控制不住自己的脾气，她心里既愧疚又痛苦。比阿特丽斯很爱母亲，因此更觉得懊丧。她和母亲的关系一直很亲密，能照顾母亲，她觉得很开心，也很庆幸能有这样的机会。她辞掉工作，搬到母亲的住处，全职照顾她。

母亲的阿尔茨海默病每况愈下，几乎无法独立生活。每天早晨，比阿特丽斯充满活力和热情地照顾母亲洗漱、穿衣、吃饭。母亲满面笑容地看着她，比阿特丽斯也是满心欢乐。接着，她们心情愉悦地出门散步或是去买东西。可是晚饭过后，问题就来了。母亲开始神志不清，她好像很害怕，还会发怒。这时候，比阿特丽斯就得辛苦地安抚母亲，照顾她就寝。有的时候，母亲甚至会冲着比阿特丽斯大喊大叫，说女儿偷了她的东西，想加害于她。出现这种状况，比阿特丽斯难免情绪失控，事后又十分后悔。她知道母亲其实已经无法控制自己的行为了。

比阿特丽斯和母亲的医生约了时间见面，商量病情。她还打算请个人，每天晚上过来帮忙几小时。最为重要的是，比阿特丽斯觉察到了自己的感恩之情。第二天晚上，比阿特丽斯眼看着母亲变得乖戾暴躁，她对自己说，我是一个有感恩之心并渴望照料母亲的好女儿，想到这些，她控制住了自己的脾气，变得更有耐心了。

遇到困难和挑战时，我们需要花些时间思考一下自己的价值观，和内心的真实情感对话，保持洞察力，这样才能更好地应对挑战。

父亲生命垂危，奥利维亚坐在他的身边，心潮翻涌，回忆起父亲的这一辈子。

在接受了好几年的心理治疗后，奥利维亚才认识到，父亲酗酒给她带来很多的负面影响。不过那时候父亲已经患上了阿尔茨海默病，肝病也到了晚期。童年时候那个不靠谱又吓人的脾气捉摸不定的酒鬼父亲，现在躺在病房里，年老体衰，在医院接受临终护理。

不美好的记忆确实很多，但是奥利维亚也回想起很多快乐的时光。父亲有时候也是个很有趣的人。童年记忆里，父亲回来的时候，家里也会充满了欢声笑语、活力和生机。他也关心三个孩子，看看他们最近做了些什么。父亲鼓励的话语让孩子们觉得自己的能力无限。这时候的父亲，是个好父亲。

奥利维亚明白，父亲的酒瘾几乎毁了他，毁了他和家人的感情。为此她心里难过极了。然而，现在看着父亲消瘦的面庞和身躯，她内心涌动的是对父亲深深的爱和宽容。父亲已经尽力了，他毕竟爱过这个女儿。

爱、宽容和慈悲心，能让我们忘掉伤疤和疼痛，寻得内心的安宁。

德拉明白朋友们为什么这么担心。

八年前，相伴多年的丈夫离开了她，跟一个年轻女人走了，这件事朋友们都是知道的。离婚期间，大家给了她很多帮助和情感上的支持。等她心头的伤疤好得差不多了，大家伙们还给她介绍新男朋友。现在桑德拉打算让前夫搬回来住，这真让朋友们费解，不夸张地说，甚至让他们很失望。

桑德拉平静又耐心地跟大家解释，前夫患有多发性硬化症，现在病程发展得十分迅速，而他那个年轻妻子又无力照顾。这么一说，朋友们更加费解了。桑德拉只好接着说，前夫已经丧失行走能力，而他又没什么经济来源，也没多少亲戚朋友。她愿意，也有能力照顾前夫。

其实桑德拉并没有彻底忘记前夫的背叛给自己带来的伤害。但是她不知道该如何向朋友们解释，她愿意照顾他，其实和他的前夫身份并没有多大关系。

一方面，对待当初结婚时候立下的誓词——“无论生病还是健康，直到死亡将我们分开”——桑德拉是非常认真的。另外，她也不希望照顾前夫的重担落到刚成年的孩子们头上。

最重要的是，桑德拉所遵循的价值观是，要帮助这个世界上弱小的人。她觉得这是自己的使命。虽然这已经过时了，可是桑德拉还是经常会跟别人说起自己的想法。曾经年富力强的前夫，现在变得孱弱不堪，这只是桑德拉如此决定的一小部分原因而已。减轻别人的痛苦，给人以慰藉，这是桑德拉的人生信条，这个“别人”当然也包括前夫。

内心的道德准则给我们动力去攻克难关。我们应当遵循自己内心的信条，而不应该计较得失或屈从于多数人的意见。

弗雷德的妻子梅琳达答应了要照顾好婆婆莉莉安，现在，莉莉安已经搬过来跟他们一起住了。

孩子们长大搬走之后，就只有夫妻俩住在这所房子里。弗雷德认为，按照预先计划好的应该没什么问题。他觉得母亲搬过来，无非就是多一口饭菜的事，梅琳达仍旧有很多时间，做做家务或者喜欢的事情。一家人坐下来吃饭的时候，弗雷德会询问母亲和妻子，一起是否还好，她们俩的回答都是客客气气的一句："挺好的。"

但是弗雷德发现，每次吃完饭只剩下夫妻俩的时候，梅琳达没以前话多了。他问了妻子几次，梅琳达总是耸耸肩，不置可否的样子，弗雷德只好继续追问。最后梅琳达说出真相的时候，弗雷德大吃一惊，原来妻子一点都不快乐。

梅琳达委屈得哭了出来，她说照顾婆婆，其实自己心里一直有些怨气。首先，婆媳俩本来关系就不是很亲密，而莉莉安又比较挑剔，总想着身边一直有人陪。梅琳达和朋友在一起或者出门办事时，婆婆都很不高兴。梅琳达本以为孩子长大了，总算有自己的时间了。可现在家里好似又多了个需要照顾的孩子，心里虽然不情愿，但是又觉得内疚。

弗雷德抱住妻子，向她允诺，他一定会想出对策。弗雷德给妻子道歉，他一直想当然地以为家里一切都很好。妻子的坦诚让弗雷德非常感激。他们决定雇一个护工，这样梅琳达就可以有些自由安排的时间了，他们一起商量了计划和两方的需求。莉莉安比他们料想的要配合得多。大家一致认为，应该过段时间就互相交流下想法。终于，每个人都松了口气，感到宽慰。

有时候，所谓正确的选择实际上是在个人需求和他人需求之间谋求平衡。同家人一起，客观地了解真实情况，才能创造出可持续的对每个人都是最好的状态。

母亲患有乳腺癌，独自照看了几个月之后，格温多琳变得心烦意乱，沮丧不安。

格温多琳很爱母亲，也乐意带她去医院进行放疗治疗或者去超市买东西。只是兄弟姐妹们几乎袖手旁观，这让她简直怒不可遏。格温多琳知道他们怎么想的——她既没有丈夫，也没有孩子，而他们拖家带口的——所以应当由她来照顾母亲。虽然这些都是事实，但格温多琳觉得，这也不是理所应当的事情，他们是在利用自己。

她请姐姐吉赛尔帮忙，姐姐嘴上答应了，可到头来还是忙着自己家的事情。而哥哥柯特，一开始就不太配合，后来干脆拒绝了，理由是他跟母亲的关系一直不太好。柯特那种不以为然的口气让格温多琳气不打一处来。

格温多琳决定给他们俩分别写封信，关于最根本的公正和正义，他们应该都懂的。父母一直教导他们，虽然人生并不是完全公平的，但是要充满尊重和友善，平等待人。格温多琳欣然接受父母的教诲。在信里，她提醒哥哥和姐姐别忘记父母的做人准则，并且说明无论他们是有心还是无意，这样对她都很不公正。

吉赛尔和柯特直接给格温多琳回了电话。吉赛尔很歉疚地说，她没想到这样会伤害到格温多琳，她承诺以后会分担照料母亲的工作。柯特也说他没有想到原来拒绝责任对格温多琳是不公平的，他也说将尽力履行自己的责任，做该做的事情。这样的结果，让格温多琳感到欣慰。尽管她知道，照顾母亲肯定还会是她做得最多，但是能受到公正地对待，她就心满意足了。

家庭关系中，公正是一个重要的动力因素。在照料的过程中，若是同胞手足之间，亲人之间能互相公正对待，是对他人的尊重，也能拉近彼此之间的关系。

致 谢

感谢那些每天辛苦照料家人的看护者们。你们的付出、爱和投入让这个世界变得更美好。

感谢在我们这进行心理治疗的病人。这些年来，你们无私地分享自己的故事，这本书里有许多你们真实的经历。很荣幸这一路见证了你们所付出的努力。

感谢朋友和家人，你们给我讲述了照顾别人的亲身经历，有些故事我们也写进了这本书。在我和爱人照料家人的过程中，你们给予我们支持。同时，在这本书的创作过程中，给我们鼓励。感谢你们，你们的支持非常重要！

感谢医学博士比尔·瓦宁和克里斯蒂娜·多诺霍－亨利，以及宾夕法尼亚州春田镇克洛泽－凯斯通家庭健康中心的病人、教员和工作人员。能与你们一起共同努力，实现和初级诊疗病人及其家人的通力合作，这是我们的荣幸。

感谢莫妮卡和亚伦，没有你们就不会有这本书，谢谢你们的支持和帮助！

感谢朱迪·利普森，是您构想了这本书，并且决定让我们来完成。无论是您出色的编辑，面面俱到的评论，还是从始至终的支持，都影响了本书的创作。感谢汤姆·米勒，您的努力推进了这本书的出版。您有耐心、和蔼可亲，遇到波折时，您总能解决，让我们没有后顾之忧，您还帮我们出谋划策。感谢丹·安布罗西奥，您对我们的信心让这本书顺利面世。与诸位共事非常开心，谢谢大家给了我们这么好的机会。

译后记

从我们来到这个世界的那一刻起，就注定了无法躲开造物主为我们安排好的一切：生、老、病、死、悲伤和幸福。它们追随着我们，也追随着我们所爱的人。

每个人的一生，多多少少都会遭受病痛的折磨，长期的病痛甚至可以改变一个人的心性：原来脾气温和的，可能会变得暴躁不安，原来豁达开朗的，可能会变得狭隘刻薄。无论看着所爱的人受苦，还是自己受苦，都不是件容易的事情。怎样在这个过程中保持积极平和的心态，我们每个人都需要修行。

拿到这本书的英文稿时，我很庆幸，因为我所处的人生阶段，正迫切需要它的指引。将近不惑的年龄，奔波于繁忙的城市，处在父母慢慢老去，而孩子成长离不开陪伴的夹缝中动弹不得。恰恰在这个时候，母亲体检查出了肺癌。我似乎听到原本高速运转，但还算井然有序的生活发出了低沉的断裂声。虽热内心清楚地知道，时间从不会犹豫，更未做过片刻的停留，但是更多时候自欺欺人地回避现实，想当然地认为父母还算健康，未曾想疾病来得如此突然。奔波于工作、家庭和医院之间，焦虑、恐慌和悲痛常常让我在黑夜里骤然醒来。

曾经一厢情愿地认为，父亲和母亲会一直在那里陪伴着我，而现实确是他们可能会离我而去，并且永远不会再回来。衰老和疾病是殊途同归的事实，每个人都无法掌控，母亲的癌症让我陷入了深深的悔恨和无力感。未确定病情和手术方案前的一段时间，是最煎熬的。这种煎熬，不仅仅是对不确定的一种恐惧，更是因为心疼母亲，想到她内心所经历的挣扎、痛苦和害怕，定比我要浓烈百倍。任何陪伴和安慰似乎都无用，纵然我想分担，也终归替代不了她。

这时候，我想起了这本书里提到的和我有类似经历的人们：他们身为子女，在陪伴老人的有限时日中，倾其所有地付出爱，毫无保留地接受爱，从过去和父母相处的经历中汲取力量，专注于眼前的时光，不被未来的可能所困扰，心无他物地陪伴，从而使心与心贴得更近，使这场悲欢离合的旅程更有意义。书里所呈现的故事，都是基于真实的经历，在每一个故事中，我似乎都能找到自己的影子；书里的人物在困顿中的感悟，也给了我许多启发。他们走过的路，我们将来也要走，有了他们的指引，未来我们或许就会少一些慌张。

母亲的手术还算顺利。刚从手术室推出来时，看着脸色苍白、人事不省的她身上插满了各种各样的管子和监视设备，眼泪忍不住夺眶而出。“不要刻意地去压抑自己的情感，悲伤和幸福都会有，尤其是照顾病痛中的亲人时，悲伤也能给人力量”，这是书里说的。的确，悲伤让我更坚强，也更有耐心。我很想代替母亲挨住所有的疼痛，不想看见满头白发的她受这么多罪，但是我不能。正是这样的悲伤和无奈，让我从一个平凡女子化身为大力超人，让我从未经历太多世事变得足够强大，能面对人生的无常。

手术后的头一个星期，母亲疼得连说话都不敢用力。看到她消瘦憔悴的面容，脑海里浮现出她年轻时候意气风发，神采飞扬的样子，又不禁回想起在我成长道路上母亲留下的每一个印记。是回忆，时时唤起我们对亲人的爱，给我们心灵的滋养。照料亲人需要日复一日的付出，因为心中的爱和温暖，我们无怨无悔。书中说道:“爱是连接的纽带，回忆起亲人曾经给予我们的爱，我们会觉得疾病带来的不一定全是坏事情，它也是付出爱，回报爱，修补关系的最好契机。”的确如此，虽然说小时候被父母责罚打骂，心中积存怨气，但正是这次母亲生病让我看到了她的脆弱，认识到那个年代父母知识的局限性和历史的局限性，怨气也就悄然无踪了，化为怜悯和包容。

半年过去了，母亲的身体在逐渐康复之中。回首这六个月忙碌而又紧张的生活，有多少个黯然泪下的不眠之夜，但是也换回了一个更顽强的母亲和更坚强的自己，一个心与心之间联系得更紧密的大家庭。很庆幸能在人生的这个阶段翻译了这本书，也很开心这本书遇到的恰是人到中年的我，我很好地理解了它，它反过来很好地指引了我。这本书不仅仅能让我们更有耐心、更饱含爱意、更细致地去照顾好患病的亲人，重要的是，它能让每个人从这样的经历中，更深刻地理解什么是爱，什么是宽容，什么是乐观，什么是活在当下，从而实现更完满的人生。

薛玮

2018 年 12 月 10 日

图书在版编目（CIP）数据

面对久病家人的勇气 /（美）巴里·J. 雅各布斯，（美）茱莉亚·L. 迈耶著；
薛玮译 . — 北京 : 北京联合出版公司，2018.12
ISBN 978-7-5596-2754-4

Ⅰ. ①面… Ⅱ. ①巴… ②茱… ③薛… Ⅲ. ①心理学—通俗读物 Ⅳ. ① B84-49

中国版本图书馆 CIP 数据核字（2018）第 243807 号

北京市版权局著作权合同登记图字：01-2018-7771

AARP Meditations for Caregivers
Copyright © 2016 by Barry J. Jacobs and Julia L. Mayer.
Simplified Chinese edition copyright © 2018 by Beijing Green Beans Book Co., Ltd.
This edition published by arrangement with Da Capo Press, an imprint of Perseus Book, LLC,
a subsidiary of Hachette Book Group, Inc., New York, New York, USA.
through Bardon-Chinese Media Agency
All rights reserved.
AARP is a registered trademark.

面对久病家人的勇气

总 策 划：苏 元 徐 昕
责任编辑：牛炜征
特约编辑：徐 昕
装帧设计：门乃婷工作室

北京联合出版公司出版
（北京市西城区德外大街 83 号楼 9 层 100088）
北京联合天畅发行公司发行
河北鹏润印刷有限公司印刷 新华书店经销
字数 170 千字 889mm × 1194mm 1/32 9.5 印张
2018 年 12 月第 1 版 2018 年 12 月第 1 次印刷
ISBN 978-7-5596-2754-4
定价：42.80 元

未经许可，不得以任何方式复制或抄袭本书部分或全部内容。
版权所有，侵权必究。
本书若有质量问题，请与本公司图书销售中心联系调换。
电话：（010）64243832